AF570416

Plurilinguisme : « contact » ou « conflit » de langues?

Textes réunis par
Henri Boyer

"SOCIOLINGUISTIQUE"

collection dirigée par Henri Boyer

professeur à l'université Montpellier 3

La collection "SOCIOLINGUISTIQUE" se veut un lieu exigeant d'expression et de confrontation des diverses recherches en sciences du langage ou dans les champs disciplinaires connexes qui, en France et ailleurs, contribuent à l'intelligence de l'exercice des langues en société : qu'elles traitent de la variation ou de la pluralité linguistiques et donc des mécanismes de valorisation et de stigmatisation des formes linguistiques et des idiomes en présence (dans les faits et dans les imaginaires collectifs), qu'elles analysent des interventions glottopolitiques ou encore qu'elles interrogent la dimension sociopragmatique de l'activité de langage, orale ou scripturale, ordinaire, médiatique ou même"littéraire".
Donc une collection largement ouverte à la diversité des terrains, des objets, des méthodologies. Et, bien entendu, des sensibilités.

Paru :
Philippe Gardy , *L'écriture occitane contemporaine. Une quête des mots.*

A paraître:
C. Moïse, *Minorité et identités : les Franco-ontariens au Canada*

L. Fernandez, *L'Espagne dans* Le Monde *(1969-1985). Le discours médiatique français et ses filtres interculturels*

R. Laffont, *Moi, diglosse. Itinéraire d'un sociolinguiste périphérique.*

S. Amedegnato et S. Sramski, *Parlez-vous "petit-nègre"? Enquête sur une représentation sociolinguistique*

X. Lamuela, *Langues subordonnées et langues établies. Sociolinguistique et politiques linguistiques*

ISBN 2-7384-5623-5

"Sociolinguistique"

Henri Boyer, Peter Cichon,
Jean-François de Pietro,
Christian Lagarde, Pierre Martinez,
Marinette Matthey,
Xoán-Paulo Rodríguez Yáñez

Plurilinguisme : « contact » ou « conflit » de langues?

L'Harmattan
5-7, rue de l'Ecole Polytechnique
75005 Paris - FRANCE

L'Harmattan Inc.
55, rue Saint-Jacques
Montréal (Qc) - CANADA H2Y 1K9

ATELIER DE RECHERCHE
EN SOCIOLINGUISTIQUE

et d'étude des représentations

UNIVERSITE MONTPELLIER 3

Henri BOYER*

PRESENTATION

Cet ouvrage est né d'un constat : une trentaine d'années après la récupération *critique* du concept de ***diglossie*** par des sociolinguistes européens dits « périphériques » ou encore « natifs », concept popularisé aux Etats-Unis mais mis en circulation en Europe à la fin du XIXème siècle, et la constitution d'un nouveau paradigme théorique en matière de traitement des bi ou multilinguismes, le débat entre les tenants d'une sociolinguistique qui *décrit* des ***contacts de langues*** et ceux d'une sociolinguistique qui *traite* des ***conflits linguistiques***, latents ou déclarés, est toujours d'actualité. Il m'a donc semblé opportun de proposer à un certain nombre de chercheurs qui se sont illustrés dans l'une ou l'autre des deux perspectives, de présenter leurs analyses : c'est l'objet de cette édition de textes aux dimensions variées mais dont les contenus ne dissocient pas réflexion théorique et étude de cas.

---

* Université Montpellier III

J'ai opté pour l'ordre alphabétique mais par un malicieux hasard cet ordre coïncide avec une distribution en deux ensembles contrastés. En effet H. Boyer, en insistant sur le rôle moteur des *représentations* dans l'évolution des configurations sociolinguistiques de type diglossique, P. Cichon en discutant le caractère exemplaire du plurilinguisme officiellement harmonieux de la Suisse, Ch. Lagarde en observant le *conflit triangulaire* consécutif à l'immigration espagnole en Roussillon se réclament explicitement du modèle « conflictuel », alors que P. Martinez, à partir de l'analyse du « contre-exemple » que représente pour lui l'île antillaise de Saint-Martin, M. Matthey et J.F. de Pietro, depuis les positions bien connues du « modèle interactionniste et microlinguistique » des sociolinguistes suisses, X.P. Rodríguez Yáñez, en s'appuyant sur des principes théoriques similaires et à propos de la situation linguistique de la Galice, mettent en évidence une dynamique interactionnelle des contacts de langues et l'inéluctable métissage sociolinguistique en contexte plurilingue.

Ces six contributions, la plupart inédites, émanent de chercheurs dont les propositions théoriques et méthodologiques s'appuient sur une solide connaissance du terrain. Que tous soient ici remerciés d'avoir accepté cette loyale confrontation.

Henri BOYER*

CONFLIT D'USAGES, CONFLIT D'IMAGES

La perspective adoptée dans cette contribution s'inscrit dans le cadre d'une sociolinguistique qui considère que la co-existence de deux ou plusieurs langues en un même lieu n'est jamais vraiment égalitaire et qu'il y a toujours « compétition » (Martinet 1962 : 626) entre ces langues, compétition dont les modalités peuvent être plus ou moins violentes. Ce qui revient à considérer que la *diglossie* n'est jamais « neutre » (Kremnìtz 1991; Boyer 1986), et que le conflit est inscrit au moins virtuellement dans toute pluralité linguistique communautaire.

Et employer le terme de ***conflit***, même « faute de mieux » comme l'a écrit Ll. V. Aracil (Aracil 1965 : 2) pour parler de cette coexistence antagonique de deux ou plusieurs langues au sein d'un même espace géosocial ne signifie pas pour autant opter pour une sociolinguistique agressive. Ce n'est pas non plus prendre des vessies pour des lanternes car, bien évidemment, le conflit linguistique est porté par un autre/d'autres conflit(s) qui est/sont en définitive un/des confli(s) de pouvoir : c'est en réalité

* Université Montpellier III

opposer à une conception a-historique (strictement *synchroniste)* et descriptiviste (la conception nord-américaine de la *diglossie,* celle de Ferguson tout particulièrement) une position historicienne (qui prend en compte la dynamique diachronique) et interventionniste (Boyer 1986).

Le modèle qui inspire ma réflexion, comme n'importe lequel des modèles proposés par les sciences humaines et sociales, est largement tributaire des situations concrètes dans lesquelles il s'est construit : des situations de plurilinguisme où la coexistence de deux langues au sein de la même communauté était vécue par certains sociolinguistes « natifs » comme une concurrence déloyale et linguicide. Ainsi il n'était pas question pour les sociolinguistes du domaine catalan, dans les années soixante, de décrire le plurilinguisme en termes de distribution fonctionnelle des langues, (distribution consensuelle et stable), donc de « contact » plutôt harmonieux, mais en termes de ***conflit***, de distribution inégalitaire et inévitablement transitoire, de ***dominance***. Une dominance qui ne pouvait avoir que deux issues sur la longue durée : ou bien la substitution de la langue en position de faiblesse par la langue en position de force, ou bien la résistance collective en vue de la ***normalisation*** de la langue dominée (c'est-à-dire de la récupération des fonctions sociales d'une langue de plein exercice, préalablement codifiée).

Les chercheurs du domaine occitan qui vivaient une étape plus avancée du **conflit diglossique**, où la substitution de la langue dominée touchait à son terme (le face à face meurtrier occitan-français ayant du reste produit un métissage généralisé : le « francitan »), devaient adhérer sans réserve au modèle proposé par leurs collègues catalans et enrichir même leur réflexion sur la question du poids des ***représentations sociolinguistiques*** (des *attitudes* : de stigmatisation, culpabilisation, idéalisation, folklorisation...) dans le processus de domination et sur l'évolution du conflit.

Pour ces sociolinguistes (catalans et occitans), il n'était pas question de vivre ce conflit en observateurs neutres mais d'en dénoncer les leurres idéologiques (et la *violence,* pas toujours *symbolique*) et d'oeuvrer dans le sens d'une émancipation sociolinguistique collective.

Il convient de souligner ici que le paradigme *diglossie-conflit linguistique* est objet de débats au sein de la sociolinguistique, ce qui est tout à fait normal et sain. Ces derniers temps, un certain nombre de rencontres et de publications sont venues enrichir la confrontation théorique, en particulier autour de la notion même de *conflit linguistique* (Bañeres 1992 et 1993, Rodríguez Yáñez 1997, Boyer et Lüdi *in* Matthey éd.1997...)

En fait le modèle « conflictuel » se distingue aussi bien du modèle canonique nord-américain (Ferguson, Fishman...) que du modèle « consensuel » suisse (G. Lüdi, B. Py, J.F. de Pietro...) par une perspective nettement diachronique, bien que ses objectifs soient avant tout pratiques, donc à inscrire dans la synchronie.

Cependant, tout comme le modèle nord-américain, sa démarche est beaucoup plus *macro*sociolinguistique que *micro*sociolinguistique (il s'intéresse à la communauté dans sa totalité, ou à l'affrontement linguistique de deux communautés dans un même espace social) alors que la démarche des sociolinguistes suisses me semble beaucoup plus microsociolinguistique et intéressée par les fonctionnements du bilinguisme sur le plan individuel et familial (ou au sein du groupe de migrants).

Toutefois le modèle « catalano-occitan » est aussi volontariste que le modèle suisse, mais sûrement moins optimiste quant à l'existence possible d'un bilinguisme collectif durablement équilibré et pacifique. D'une certaine façon, les deux modèles, à la différence du modèle canonique nord-américain (*descriptiviste*), sont *interventionnistes* et contribuent à promouvoir des actions de **politique linguistique**. Et c'est bien sur ce terrain dit de la ***sociolinguistique appliquée*** que s'illustrent aussi bien certains sociolinguistes suisses que leurs homologues catalans.

Dans la perspective ici envisagée les trois pôles de toute **configuration sociolinguistique** doivent être pris en compte solidairement : c'est donc un repérage du contenu conflictuel de ces trois pôles et de leur articulation que je propose dans ce qui suit (l'ordre est sans pertinence).

1. Les *répertoires* et *usages linguistiques.*

Le plurilinguisme (social) est bien dans le monde le cas de figure le plus répandu. Il y a cependant divers types de plurilinguismes, ne serait-ce que par le nombre des langues en présence mais aussi par leur espace de communication propre, leur fonctionnement social, leur statut officiel. Lorsque le plurilinguisme est institutionnalisé, il est fréquent de voir les langues parlées sur l'ensemble du territoire de la communauté se répartir entre ***langue(s) officielle(s)*** et ***langue(s) nationale(s)***[1].

Car l'Etat peut tenter par des moyens juridico-administratifs de garantir une coexistence pacifique : l'Histoire nous enseigne cependant que la ***langue dominante*** (pour des raisons évidemment peu « linguistiques ») finit par marginaliser la/les ***langue(s) dominée(s)*** et par se substituer purement et simplement à elle(s). La « sociolinguistique périphérique » soutient que la *diglossie* instaure une **hiérarchie** et donc une **distribution inégalitaire** des usages respectifs des langues en présence, une **subordination** sociolinguistique (Lamuela 1987 et 1994), un

1. D'autres dénominations étroitement liées aux caractéristiques de la situation socio-linguistique locale peuvent être utilisées. On peut parler encore de «langue de travail, de communication et d'ouverture», à propos du français, et de «langues aborigènes», à propos du *fang*, du *bubi* et autres langues autochtones en Guinée équatoriale, par exemple (Engonga, 1996), ou de langues «régionales» comme en France pour l'occitan, le breton, le catalan, le basque...(Boyer 1982).

déséquilibre et, en définitive, une **instabilité** (Gardy et Lafont 1981, Lafont 1979 et 1989, Jardel 1982, Boyer 1991, Kremnitz 1987 et 1991).

Si l'on suit ces hypothèses, on considèrera que pour traiter un ***bi*** ou un ***plurilinguisme*** on doit faire intervenir deux qualifications en les distinguant clairement :

- L'une concerne la reconnaissance collective d'une telle situation et sa prise en compte éventuelle au travers de dispositions légales et d'un dispositif institutionnel spécifiques : on parlera alors de **bi** ou de **plurilinguisme institutionnel** (comme en Finlande ou en Suisse)

- L'autre concerne le caractère *diglossique* de ce bi ou plurilinguisme et la nature ainsi que l'état de la « compétition ». On peut observer ainsi :

. soit tout simplement une **polarité diglossique,** lorsqu'un affrontement ouvert oppose une langue à une autre sur un territoire donné : ce fut le cas en Catalogne espagnole durant la période franquiste ;

. soit plus généralement un **complexus diglossique** (Gardy 1985) où coexistent (et alternent) plusieurs répertoires et usages (Lafont 1984). L'espace occitan actuel est une bonne illustration de ce cas de figure.

Au sein de ce complexus diglossique, il arrive souvent que s'installe durablement un ***interlecte***, c'est-à-dire une **interlangue collective** fixée historiquement, dotée de plus ou moins d'autonomie par rapport aux langues en présence (Prudent 1981), comme le « francitan » par exemple (Boyer 1991).

Tout bi ou plurilinguisme est donc le cadre d'une dynamique sociolinguistique plus ou moins fortement et ostensiblement conflictuelle (dont discours et pratiques socio-politiques peuvent tenter pour un temps de refuser la réalité[2]). C'est bien dans ce cadre qu'il faut situer les « créoles », systèmes linguistiques autonomes nés du colonialisme et qui aujourd'hui sont en certains lieux l'un des pôles d'un conflit de type diglossique avec la langue dont ils sont issus, conflit qui peut se traduire non pas forcément par un affrontement binaire entre *basilecte* et *acrolecte* mais par un ensemble de productions métissées, de nature ***interlectale***, ou pour d'autres par un ***continuum mésolectal*** (Chaudenson 1992, Prudent 1981, Mérida et Prudent 1984)[3].

2. Actuellement, la Suisse me semble à cet égard un exemple tout à fait intéressant de ce genre de décalage (voir P. Cichon dans Boyer dir. 1996 et dans ce même recueil).

3. Le *créole* devant être distingué du *pidgin*, «langue à structure et lexique réduits utilisée dans un nombre limité de fonctions» (Chaudenson, 1992).

Un ***interlecte*** comme le « francitan » ne peut, en dépit de certains abus terminologiques, être assimilé à un *créole* (dont la génèse est assez différente). On doit lui reconnaître cependant une relative autonomie et une remarquable stabilité sur la longue durée. Ni *dialecte* (bien que circonscrit géographiquement), ni « régiolecte »[4], l'*interlecte* est le produit d'un processus d'hybridation linguistique entre une langue dominante et une langue dominée. L'*interlecte,* comme le *créole,* ne doit pas être négligé dans l'analyse sociolinguistique des situations plurilingues, car outre qu'il est objet de représentations spécifiques et complexes,

4. Je considère pour ma part que « régiolecte » ne saurait être une désignation recevable pour un métalangage qui se veut scientifique car, comme on le sait, il n'est pas facile de définir avec rigueur la *région* : est-ce un espace historico-culturel (bien délimité ?), un territoire administratif intra-étatique ou un simple repérage géographique à l'intérieur d'un vaste ensemble ? « Dialecte » suffit à désigner une variation d'ordre *diatopique*. De ce point de vue, le *gascon* est un dialecte de l'*occitan,* au même titre que le *provençal.* Et contrairement à ce qu'écrit N. Gueunier (Gueunier 1995 : 19) le « francitan » n'est pas un *régiolecte* mais bien un *interlecte* (Boyer 1991). Ce type d'interlecte est à différencier du reste des *interlangues collectives* en usage (pour une génération) au sein de populations de migrants, comme par exemple celle qu'a étudiée Ch. Lagarde, «le melandjao» (*Le parler « melandjao » des immigrés de langue espagnole en Roussillon,* Perpignan, PUP, 1996).
A propos de « *dialecte* », il convient d'ajouter qu'une certaine confusion terminologique encore en vigueur même sous des plumes avisées (et que la riche tradition « dialectologique » française n'a pas peu contribué à maintenir), fait également de « dialecte » l'équivalent de « langue régionale » : on peut alors en arriver à considérer que le catalan est, en Espagne, un *dialecte* qui « résiste aux ambitions du castillan promu langue espagnole » ! (Encrevé 1978). On aura compris que pour moi le dialecte est bien une « variante régionale » (Encrevé, art. cité) d'une langue (qu'elle soit ou non « nationale » ou « officielle »).

« il dispose [...] d'un marché communicatif propre » (Mérida et Prudent 1984 : 44).

Les usages, modalités et fonctionnements dont il vient d'être question sont habités par des **imaginaires sociolinguistiques collectifs** qui, plus ou moins silencieusement, pèsent d'un poids très lourd sur l'évolution des situations linguistiques et tout particulièrement sur l'évolution des situations de conflit de langues, sur leur gestion « civile » tout autant que sur une éventuelle gestion institutionnelle.

2. Les *représentations* et *normes* sociolinguistiques (plus ou moins largement) partagées au sein de la communauté[5].

Il s'agit là d'un aspect fondamental et pourtant trop longtemps négligé, qui est au coeur même de la définition de la *communauté linguistique* (Labov 1976). Ces ***représentations*** et ***normes sociolinguistiques*** ont plusieurs appellations courantes

5. Sur l'emploi des notions d'*imaginaires,* de *représentations,* de *normes,* d'*idéologies* en (socio)linguistique, voir, entre autres, Bourdieu 1980, Boyer et Peytard éds 1990, Boyer 1991, Houdebine 1994, Branca-Rosoff dans Boyer dir. 1996, Gardy et Lafont 1981, Ninyoles 1976. Même si ces notions ne sont pas toujours d'un contrôle aisé, elles renvoient à un fonctionnement essentiel de l'activité de langage. Elles coiffent en fait pour moi un paradigme conceptuel dont je précise ici un certain nombre d'entrées : il s'agit d'un répertoire non exhaustif, évidemment, et dont le contenu demande à être approfondi.

qui peuvent être sollicitées ici pour mieux cerner la diversité et la complexité du fonctionnement des imaginaires en question et leur place au sein de la configuration sociolinguistique. Elles peuvent être porteuses aussi bien de valorisation, de sécurisation, de sublimation, que de dévalorisation, d'insécurisation, de culpabilisation.

2.1. Dans l'ordre des **images** (intra et interlinguistiques) qui circulent dans la communauté, le ***stéréotype*** est sûrement la construction la plus réductrice en même temps que la plus prisée d'une réalité, linguistique en particulier. Labov situe les *stéréotypes,* à côté des *indicateurs* et des *marqueurs*, comme « des formes socialement marquées, notoirement étiquetées » (1976 : 419)[6]. Le *stéréotypage* exerce également sa pression réductrice sur la/les langue(s) dans leur globalité : on parle volontiers de « dureté », de « musicalité », ou encore de « richesse », etc. à propos de telle ou telle langue. Ces qualifications réductrices et figées sont autant de *préjugés,* de pré-construits simplificateurs (positifs ou négatifs) qui peuvent avoir un impact non négligeable sur la diffusion d'une langue (et son enseignement).

6. Considérant le *stéréotypage* comme la «stigmatisation sociale des formes linguistiques », Labov précise qu' « un stéréotype social est un fait social, une partie de la connaissance générale des membres adultes de la société, et cela même s'il ne répond à aucun ensemble de faits objectifs. On s'y réfère et on en parle ; il est souvent pourvu d'une étiquette générale, et une expression caractéristique peut également servir à le désigner» (1976 : 420).

En situation de *substitution* avancée, l'emploi de la langue minorée tend à se stéréotyper pour ne plus donner lieu qu'à des « actes de parole rituels », « *ponctuation* de la diachronie du jeu et du travail » (Lafont 1980 : 82 ; Boyer 1991).

Par ailleurs, sur tel ou tel ***marché linguistique*** intracommunautaire (l'école, les médias, un secteur professionnel donné...) les langues en présence sont affectées de ***valeurs*** (qui rencontrent la construction stéréotypique), lesquelles ne sont pas non plus sans incidence sur l'exercice d'une langue ou/et sa promotion (voir par exemple Boyer, Benda et Mestreit 1990).

En matière sociolinguistique, les ***mythes*** (représentations également simplificatrices et figées, qui ont vocation à idéaliser la réalité linguistique représentée) pèsent également d'un poids qui peut être déterminant sur les imaginaires collectifs. Ainsi Ll. V. Aracil a justement dénoncé le « mythe bilinguiste » comme leurre : il s'agissait pour lui d'un « stratégème » pour « embellir et sublimer la réalité » linguistique qui, en pays valencien et sous le franquisme, était une réalité conflictuelle, avec une concurrence totalement déloyale entre le catalan et le castillan (au profit de la langue de l'Etat) ; il y avait là un « bilinguisme inégalitaire », dangereux pour l'avenir de la langue menacée d'assimilation (Aracil 1982 : 39-57. Je traduis).

Il est bien certain que les ***images*** plus ou moins réductrices et plus ou moins figées, les ***valeurs*** et les ***mythes*** contribuent largement à promouvoir, en situation de conflit diglossique, ***idéalisation, stigmatisation, folklorisation*** en ce qui concerne la/les langues dominées. ***Légitimation*** et ***illégitimation sociolinguistiques*** sont également directement liées à ces composantes des imaginaires collectifs.

2.2. Dans l'ordre des **représentations catégorisantes,** la ***nomination / désignation*** est bien un enjeu de ce processus de légitimation / illégitimation des langues (et parlures). Ainsi, lorsque l'Abbé Grégoire, dans sa « série de questions relatives au patois et aux moeurs des gens de la campagne », en 1790, pose d'entrée la question du face à face éventuel entre le français et une autre langue parlée localement, (l'occitan, le breton...) il prend soin d'illégitimer définitivement cette dernière en lui affectant le désignant « patois », déjà investi (depuis *L'Encyclopédie)* d'une charge péjorante, réservant le terme de « langue » au français : « 1. L'usage de la langue française est-il universel dans votre contrée. Y parle-t-on un ou plusieurs patois ? » On sait la fortune de cette désignation infamante au cours des XIXe et XXe siècles et son impact sur les usages des langues de France ainsi stigmatisées (Gardy et Lafont 1981 ; Boyer 1991).

De nos jours, les termes déjà mentionnés de « langue nationale », « langue officielle », « langue régionale »..., en usage dans certaines communautés sont autant de désignants sensibles à l'état des imaginaires collectifs (ou d'une fraction de ces imaginaires). La création de la notion de « *langue polynomique* » montre que la nomination en matière de langue est bien un enjeu[7].

2.3. Un chapitre (fondamental au sein de certaines communautés linguistiques, la communauté française tout particulièrement) des imaginaires sociolinguistiques est constitué par les **évaluations normatives** de la/des langue(s). Il est évidemment question ici de normes subjectives (Houdebine 1993), qui ont trait soit à un « idéal de langue » d'ordre plus ou moins fantasmatique (et donc inaccessible), soit à un corps de prescriptions et de proscriptions à propos de la/des langues, souvent essentiellement porté par la tradition scolaire, qui perpétue et peut même contribuer à fossiliser l'acte fondateur (pour certaines communautés linguistiques) de « grammatisation » (Auroux 1992)[8].

Il s'agit là d'un aspect majeur de l'identité de la communauté, mais dont on a eu tendance (en France tout au moins) à faire le principal sinon le seul trait définitoire dans l'ordre des imaginaires sociolinguistiques collectifs. Pour moi, si la normati-

---

7. La notion a été proposée, dans un premier temps tout au moins, par J.B. Marcellesi (en 1983) pour parler du corse. Voir *Les langues polynomiques. Actes du Colloque International des langues polynomiques* (Université de Corse, 17-22 sept 1990), *PULA* n° 3/4.

8. Je ne suis pas à la lettre l'inventaire que propose A.M. Houdebine des normes qui constituent pour elle l'*imaginaire linguistique,* dans une étude qui reprend et synthétise de précédentes études consacrées à cette question (Houdebine 1993).

vité est bien un axe structurant fondamental pour la communauté linguistique, elle partage ce fonctionnement avec l'ensemble des types de représentations évoqués ici, que je considère profondément solidaires.

2.4. Un autre type de représentation (très étroitement lié au type précédent) a fait également l'objet de nombreux travaux sous les appellations d' ***attitude*** et de ***sentiment.*** L'une des attitudes sociolinguistiques les plus étudiées aujourd'hui est sans nul doute l'*insécurité linguistique* dont Labov a mis en évidence la nature sociologique. Ses enquêtes l'ont amené à considérer que « les fluctuations stylistiques, l'hypersensibilité à des traits stigmatisés que l'on emploie soi-même, la perception erronée de son propre discours, tous ces phénomènes sont le signe d'une profonde insécurité linguistique chez les locuteurs de la petite bourgeoisie » (Labov 1976 : 200). L'emploi de la notion peut me semble-t-il être élargi aux fonctionnements *sociaux* des langues au sein de communautés plurilingues. Et l'on peut concevoir une insécurité « diglossique » (Brétégnier 1996 : 918), d'ordre plutôt *sociopragmatique,* liée au caractère inégalitaire, déséquilibré, du marché des langues en présence.

On peut observer des phénomènes liés à une *insécurité sociolinguistique* en Espagne dans les communautés ayant une langue « propre », « spécifique » ou « particulière » (considérée souvent par ses usagers comme langue « nationale ») et co-officielle avec l'espagnol, singulièrement pour ce qui concerne l'écrit en général et la presse en particulier.

Les usagers d'une langue peuvent collectivement avoir et manifester (ou non) à l'égard de cette langue une attitude ou un sentiment dit de *loyauté* (Weinreich 1953) plus ou moins important. Il est évident que dans des situations de ***minoration***, lorsque le plein exercice d'un idiome communautaire est en cause, ce sentiment peut jouer un rôle fondamental dans l'évolution de la concurrence sociolinguistique. Et on voit bien que la « loyauté » en matière linguistique est inégalement partagée, ce qui contribue à expliquer (mais n'y suffit pas) les différences de développement et d'issue des conflits diglossiques dans le monde. Il s'agit donc là d'un facteur parfois décisif dont il convient de prendre l'exacte mesure dans le cadre d'un diagnostic sociolinguistique.

D'autres attitudes ou sentiments peuvent également contribuer à l'évolution d'une situation de coexistence de langues. L'*auto-dénigrement (*ou la *haine de soi)*[9] ou la *culpabilité* (Lafont 1971) sont autant d'adjuvants de la *minoration,* de la *subordination* sociolinguistiques. Les imaginaires habités par ces attitudes / sentiments-là sont en effet peu enclins à la résistance sociolinguistique, même si *sublimation* et *idéalisation* peuvent se donner libre cours. Car d'une manière générale « tout ce qui se rapporte à la langue dominée est à la fois dévalorisé et surévalué » (Gardy et Lafont 1981 : 76) : « dénigrement et idéa-

9. L'*auto-odi* des sociolinguistes catalans (Kremnitz 1990).

lisation du « vernaculaire » [...] montrent la double face des préjugés dominants » (Ninyoles 1976 : 158).

Il est clair que ces diverses représentations et normes collectivement intériorisées par la communauté linguistique ne demandent qu'à être proférées si on les sollicite (à travers sondages et enquêtes, lors de débats...). Par ailleurs, si elles habitent et orientent les usages (qui peuvent en modifier en retour la teneur), elles ont une traduction sémiolinguistique concrète au travers d'un certain nombre de manifestations que je qualifie de « symptomales » en ce sens qu'elles révèlent à l'observateur attentif l'état plus ou moins tendu des imaginaires et leurs rapports complexes aux répertoires et aux usages.

3. Les *manifestations symptomales.*

Au moins quatre types de manifestations symptomales sont pour le sociolinguiste des indicateurs privilégiés :

3.1. Premier type de manifestation symptomale à prendre en compte : **les comportements spontanés, involontaires et le plus souvent inconscients directement liés aux imaginaires normatifs-puristes**. On pense en premier lieu au phénomène des « ratages », en particulier en discours surveillé, lorsque l'usager maîtrise imparfaitement les contraintes qu'impose la communication. Si l'*hypercorrection* (liée à l'insécurité (socio)linguistique) est de l'ordre de la surenchère, d'autres comportements symptomatiques peuvent être plutôt de l'ordre de la distance, de l'affirmation d'une déviance et on peut considérer que dans un processus de *normalisation* (militante et/ou institutionnelle) l'exercice collectif de la langue (jusqu'alors) subordonnée présente immanquablement de nombreuses manifestations symptomales de ce type.

D'autres comportements spontanés liés à un vécu sociolinguistique conflictuel peuvent être qualifiés de ***fonctionnements diglossiques*** (Lafont 1984) : il en va ainsi à mon sens des « *marques transcodiques* », « c'est-à-dire des marques, dans un discours, qui renvoient d'une manière ou d'une autre à la rencontre[10] de deux ou plusieurs systèmes linguistiques : calques, emprunts, interférences, alternances codiques, etc. » (De Pietro 1988 : 70), tout au moins lorsqu'elles sont (collectivement) fréquentes et systématiques. Elles sont alors autant de manifestations d'un ***processus d'hybridation*** plus ou moins avancé (et de la constitution d'une *interlangue collective* pouvant donner naissance, sur la longue durée, à un *interlecte*) et donc les signes d'une assimilation en cours.

3.2. On doit prendre en compte évidemment l'**activité épilinguistique,** nourrie des évaluations et opinions dont il a été question. Cette activité épilinguistique, essentiellement de nature prescriptive / proscriptive peut être :

10. Je dirais plutôt à la **concurrence.**

- **ordinaire** : il s'agit des jugements courants, négatifs ou positifs, portés sur les usages, les façons de parler, les formes linguistiques, les répertoires ;

- **scolaire** : car c'est souvent l'école (ainsi que l'édition « pédagogique ») qui est le lieu par excellence de cette activité normative et de la chasse aux « solécismes », et aux interférences sociolinguistiques, où s'inculquent du reste ce qu'on peut appeler les *réflexes épilinguistiques* porteurs en général de *stigmatisation* (par exemple l'emploi du terme *patois* dont il a déjà été question[11]).

11. On connaît la pratique du « signe » en France (et dans des pays sous influence coloniale française) qui avait pour objectif, dans certaines écoles publiques de l'entre-deux guerres, de réaliser le voeu de l'Abbé Grégoire sous la Révolution : « anéantir les patois ». Armand Petit, de Causses-et-Veyran dans l'Hérault (né en 1912), m'a ainsi rapporté cette pratique en décembre 1987, sous la dénomination « le coup du gland » : «...Il nous était interdit de parler patois à l'école... Dans la famille, mon père, mon grand-père, à table on parlait que patois... Nous à la sortie de l'école, entre nous, après on parlait patois. Mais pendant la... en dehors de la classe, dans la journée on jouait aux billes tout ça, alors interdit de parler patois. Celui qui avait été pris il avait un gland. Alors il languissait de s'en débarrasser de ce gland. Alors on jouait aux billes, en s'amusant, automatiquement on lâchait des coups de patois ou des fois des gros mots des « macarel » ou des... comme ça. Pan ! Tiens, tu as le gland. Quand on rentrait dans la classe, l'instituteur disait : « Qui a le gland ? ». Il fallait bien qu'il sorte de quelque part le gland. Et ça c'était cent ou cent cinquante lignes qui nous attendaient. Et il fallait les faire : « Je ne parlerai plus patois, je parlerai en français » et allez et allez... C'était la punition ».

Toutes les langues ne suscitent pas chez leurs usagers la même activité épilinguistique et le degré de tension normative / « puriste » que peut connaître la tradition française et même francophone, par exemple.

- **médiatique** : l'activité épilinguistique (autour des langues ou de telle langue) peut investir certaines productions médiatiques et/ou para-médiatiques, qu'elles soient de nature scripturale (dans la presse quotidienne ou hebdomadaire), radiophonique ou audio-visuelle. La présence d'une activité épilinguistique au sein des médias est un bon indicateur du poids réel des imaginaires sociolinguistiques dans la communication intra-communautaire (Boyer dir. 1996 : 57-76).

Ainsi le document ci-après (une caricature figurant en couverture de périodique) montre bien qu'en Suisse, malgré tout le volontarisme humaniste des responsables, il y a bien *compétition* sociolinguistique plus ou moins agressive, donc conflit ...[12]

On peut situer également à ce niveau ce que R. Lafont appelle la *textualisation de la diglossie* : la mise en texte/scène (littéraire, théâtrale en particulier), en langue dominée, du conflit diglossique (Lafont 1983).

12. Ce dessin humoristique, que m'a procuré Cl. Brohy, présente un jeu de mot : en Suisse alémanique, « grüezi wohe » signifie « bonjour »... Sur les « caricatures de presse évoquant le plurilinguisme en Suisse », voir Cl. Brohy : « Prendre les images au mot... » *in* Matthey éd. 1997 : 308-315.

3.3. Les **pratiques métalinguistiques** de tous ordres, qu'elles soient « officielles » ou « sauvages », « clandestines », qu'elles soient collectives ou individuelles, qu'il s'agisse de la production plus ou moins massive, plus ou moins confidentielle de dictionnaires, lexiques, glossaires, grammaires, de traités sur la langue, de consignes orthographiques, de « cacologies », etc., intéressent vivement le diagnostic sociolinguistique.

Cette activité métalinguistique est continue, pour ce qui concerne du moins la plupart des langues des pays développés, même si son intensité peut varier sensiblement d'une communauté nationale à l'autre. La régularité des productions du type dictionnaires, grammaires, traités, etc., leur importance quantitative sont des symptômes qu'on ne doit pas négliger.

3.4. Un dernier type de manifestation symptomale livre également des enseignements précieux sur l'état des imaginaires sociolinguistiques et de leurs rapports aux répertoires et usages. Il s'agit des **interventions glottopolitiques** qui, tout comme les *pratiques métalinguistiques* s'inscrivent ouvertement dans un inter-discours plus ou moins prolixe sur la/les langue(s) de la communauté et ses/leurs usage(s). Ces interventions glottopolitiques peuvent être le fait d'individus (personnalités plus ou moins connues, en général) de groupes et/ou d'associations de militants de la langue, voire de partis politiques : elles ont souvent une forte teneur revendicative et polémique, s'appuyant sur une idéologie identitaire et une option politique de type régionaliste ou nationalitaire. Les documents ci-après reproduisent des interventions glottopolitiques militantes en Catalogne et en Galice, en faveur d'une normalisation sans faille du catalan (document 1) et du galicien (document 2).

Les interventions glottopolitiques militantes peuvent entrer en opposition avec ou s'appuyer sur des interventions institutionnelles qui émanent soit de l'Etat central (Ministères, Conseils,

document 1

document 2

Délégations, Commissions...), soit de structures de pouvoir territoriales, comme la *Communauté autonome* (en Espagne), le *canton* (en Suisse), ou plus généralement la *région.* Il peut exister également des organisations (de type associatif) fonctionnant sur la base de subventions de l'Etat mais affichant une orientation militante, ou des associations militantes reconnues par l'Etat comme partenaires privilégiés en matière de politique linguistique.

Ces interventions sont de nature très diverse : discours prononcés ou publiés lors d'événements sociolinguistiques importants (vote d'une loi sur la langue, réforme orthographique, etc.), manifestes et appels, publicités, sans oublier bien entendu les lois et autres textes réglementaires (décrets, arrêtés, circulaires).

L'importance et la densité des interventions glottopolitiques au sein d'une communauté sont forcément tributaires des imaginaires concernés (même si certaines périodes, certains événements favorisent cette activité). Il arrive que des communautés aient une activité glottopolitique permanente : soit qu'elles vivent avec plus ou moins d'acuité un conflit sociolinguistique persistant, soit que la planification linguistique y soit une condition de survie collective (ou les deux à la fois).

Ainsi que je l'ai suggéré en début de contribution, l'intérêt de ces réflexions devrait être de permettre une complexification de l'approche de toute situation de plurilinguisme, par nature spécifique et immanquablement porteuse de conflit : complexification, car l'approche pour laquelle je plaide ne repose pas simplement sur une simple description des apparences en matière sociolinguistique (données quantitatives et qualitatives sur la/les langue(s) et les variétés de langue(s) en présence, statuts officiels, etc.), mais sur la mise en évidence de l'interaction entre les diverses composantes d'une *configuration sociolinguistique.* La pertinence du diagnostic (préalable à toute action de politique linguistique cohérente et efficace) est bien fonction de l'intelligence de cette configuration et de ses particularités[13].

Bibliographie :

Aracil LI.V. (1965), Conflit linguistique et normalisation dans l'Europe nouvelle, Nancy, CUE.

Aracil Ll.V. (1982), *Papers de Sociolinguistica,* Barcelona, Edicions de la Magrana.

Auroux S. dir. (1992), *Histoire des idées linguistiques,* Liège, Pierre Mardaga.

Bañeres J. (1992 et 1993), « La tensió i el conflicte sociolingüistics », *Noves SL* 17 et 18.

Bourdieu P. (1980), « L'identité et la représentation », *Actes de la Recherche en Sciences Sociales,* 35.

13. Cette contribution reprend le texte d'une communication présentée à la *V Trobada de Sociolingüistes Catalans* (Barcelona, 24-25 avril 1997).

Bourdieu P. et Boltanski L. (1975), « Le fétichisme de la langue », *Actes de la Recherche en Sciences Sociales*, n° 4.

Boyer H. (1982), « A propos du statut des langues de France. De la dénomination comme pratique politique », *Lengas*, 12.

Boyer H. (1986), « « Diglossie » : un concept à l'épreuve du terrain. L'élaboration d'une sociolinguistique du conflit en domaines catalan et occitan », *Lengas*, 20.

Boyer H. (1991), *Langues en conflit*, Paris, L'Harmattan.

Boyer H. dir. (1996), *Sociolinguistique : territoire et objets*, Neuchâtel, Delachaux et Niestlé.

Boyer H., Benda R. et Mestreit C. (1990), « Des représentations sociolinguistiques à l'oeuvre sur un marché universitaire des langues en contexte bilingue », *Publics spécifiques et communication spécialisée*, n° spécial du *Français dans le Monde.*

Boyer H. et Peytard J. éds. (1990), *Les représentations de la langue : approches sociolinguistiques*, *Langue française*, 85.

Branca-Rosoff S. (1996), « Les imaginaires des langues » *in* Boyer dir. 1996.

Brétégnier A. (1996), « L'insécurité linguistique : objet insécurisé? Essai de synthèse et perspectives », *Le français dans l'espace francophone* (sous la direction de D. de Robillard et M. Beniamino), Tome 2, Honoré Champion.

Calvet L.J. (1993), *La sociolinguistique*, Paris, P.U.F. (Que sais-je?).

Chaudenson R. (1992), *Des Iles, des Hommes, des Langues. Essai sur la créolisation linguistique et culturelle*, Paris, L'Harmattan.

Chiorboli J. éd. (1990), *Les langues polynomiques*, P.U.L.A., 3/4, Université de Corse.

De Pietro J.F. (1988), « Vers une typologie des situations de contacts linguistiques », *Langage et société*, 43.

Encrevé P. (1978), « Dialectes et patois », *Encyclopodia Universalis*, vol. 5.

Engonga J.A. (1996), *Espagnol, français et langues autochtones en Guinée équatoriale*, Mémoire de DEA de Sciences du langage-Linguistique générale, sous la dir. de H. Boyer, Université Montpellier III.

Gardy Ph. (1985), « Langue(s), non-langue(s), lambeaux de langue(s), norme », *Problèmes de glottopolitique, Cahiers de Linguistique Sociale,* 7 (Université de Rouen).

Gardy Ph. et Lafont R. (1981), « La diglossie comme conflit : l'exemple occitan », *Langages,* 61.

Houdebine A.M. (1993), « De l'imaginaire des locuteurs et de la dynamique linguistique. Aspects théoriques et méthodologiques », *Cahiers de l'Institut de Linguistique de Louvain,* 19. 3-4.

Jardel J.P. (1982), « Le concept de « diglossie » de Psichari à Ferguson », *Lengas,* 11.

Kremnitz G. (1987), « Diglossie, possibilités et limites d'un terme », *Lengas,* 22.

Kremnitz G. (1990), « Sur l'auto-odi (Selbsthass) » in *Per Robert Lafont,* Montpelhièr/Nimes, CEO/Vila de Nimes.

Kremnitz G. (1991), « Y-a-t-il des diglossies neutres? », *Lengas,* 30.

Labov W. (1976), *Sociolinguistique,* Paris, Editions de Minuit.

Lafont R. (1971), « Un problème de culpabilité sociologique : la diglossie franco-occitane », *Langue française,* 9.

Lafont R. (1979), « La diglossie en pays occitan ou le réel occulté » *in* Kloepfer R. éd., *Bildung und Ausbildung in des Romania,* Akten des Romanistentages Giessen 1977, München, Fink, vol. II.

Lafont R. (1980), « Stéréotypes dans l'enquête sociolinguistique », *Lengas,* 7.

Lafont R. (1983), « Praxématique et parole diglossique », *Pratiques praxématiques, Cahiers de Linguistique Sociale,* 6.

Lafont R. (1984), « Pour retrousser la diglossie », *Lengas,* 15.

Lafont R. (1989), « Trente ans de sociolinguistique occitane (sauvage ou institutionnelle) », *Lengas,* 25.

Lamuela X. (1987), *Català, occità, friulà : llengues subordinades i planificació linguistica,* Barcelona, Quaderns Crema.

Lamuela X. (1994), *Estandarditzacio i establiment de les llengües,* Barcelona, Edicions 62.

Lüdi G., Py B. *et al* (1995), *Changement de langage et langage du changement,* Lausanne, L'Age d'Homme.

Martinet A. (1962), « Le français tel qu'on le parle », *Esprit,* 311.

Matthey M. éd. (1997), *Les langues et leurs images*, Neuchâtel-Perros-Guirrec-Lausanne, IRDP-TILV-LEP.

Mérida G.J. et Prudent L.F. (1984), « ... an langaj Kréyòl dimi-panaché ... : interlecte et dynamique conversationnelle », *Langages*, 74.

Ninyoles R. Ll. (1976), « Idéologies diglossiques et assimilation » *in Diglossie et littérature* (sous la dir. d'H. Giordan et d'A. Ricard), Bordeaux-Talence, Maison des Sciences de l'Homme.

Prudent L.F. (1981), « Diglossie et interlecte », *Langages,* 61.

Rodríguez Yáñez X.P. (1997), « Bilinguisme et aléas théoriques », 1ère Journée d'étude de l'*Atelier de Recherche en Sociolinguistique et d'Etude des Représentations*, Université Montpellier III.

Weinreich U. (1953), *Languages in contact. Findings and problems,* Paris-La Haye, Mouton, 1968.

Peter CICHON*

CONTACT VS. CONFLIT
Quelques remarques sur la valeur explicative des deux concepts dans l'analyse sociolinguistique

1. Que de chemin parcouru entre le concept des *langues en contact*, tel qu'il a été formulé en 1953 par Uriel Weinreich (Weinreich 1953), celui des *langues en conflit*, choisi en 1979 par Georg Kremnitz comme titre d'un livre réunissant des textes importants de la sociolinguiste catalane (Kremnitz 1979) et le concept de *la guerre des langues* comme le formule Louis-Jean Calvet en 1987 (Calvet 1987)!

L'un des éléments-clés dans ce cheminement fut, dans le contexte des années 1968, une nouvelle sensibilisation cette fois-ci politique, de jeunes intellectuels issus des groupes minoritaires (largement soutenus par d'autres intellectuels dits de gauche). En dénonçant le concept de *langues en contact* selon eux trop harmonisant — car il camoufle une réalité linguistique toute autre, à savoir la substitution de la langue dominée — ils lancent celui de

* Institut für Romanistik der Universität Wien

conflit linguistique. Ce dernier, formulé avant tout pour les besoins du contexte catalan (Aracil 1982, Vallverdú 1979) et occitan (Lafont 1979, Kremnitz 1981), repose sur une redéfinition dynamique de la *diglossie* : tout contact hiérarchique de langues utilisées dans les mêmes aires linguistiques mène en dernière conséquence à la disparition forcée de la langue socialement moins compétitive. Par conséquent, il veut à la fois avertir les locuteurs des langues minorisées de cette menace et les munir d'un savoir émancipateur.

La discussion sociolinguistique actuelle menée autour des concepts de *conflit* et de *contact* linguistiques se concentre sur la question de savoir s'il y a des diglossies seulement conflictuelles ou s'il y en a aussi des neutres (Kremnitz 1991). Les défenseurs du concept conflictuel sont avant tout des linguistes catalans déjà mentionnés, tandis que la cause de la diglossie neutre est plaidée en premier lieu par des linguistes suisses-allemands[1] (les deux groupes y argumentent naturellement en fonction des contextes sociolinguistiques et socio-historiques dans lesquels ils vivent eux-mêmes : les uns se trouvent dans une situation de minorité et vivent dans un contexte historique tendu et même sanglant jusqu'en 1975 (date de la mort de Franco), les autres par contre se retrouvent dans une situation de majorité et vivent dans un pays en paix interculturelle sans égal en Europe).

1. Cf. Lüdi 1989 cf. aussi Kristol 1993, surtout pp. 9-17.

De telles divergences peuvent être ramenées à des différences dans la conceptualisation du terme même de 'diglossie'. Si l'on regarde son côté proprement fonctionnel, donc la répartition complémentaire de deux variantes ou de deux langues dans la communication d'une même société, celle-ci peut donner l'impression d'un mécanisme linguistique fonctionnant presque sans frottement. Or, si l'on prend en considération le conditionnement psycholinguistique des locuteurs, une éventuelle hiérarchisation dans la connotation sociale des langues coprésentes peut sans doute créer des conflits, et au niveau personnel et au niveau social.

2. Pour vérifier la valeur explicative de cette dichotomie conceptuelle qui pourrait nous faire croire qu'il existe dans les pays de l'Europe centrale et occidentale des situations (et des politiques) linguistiques fort distinctes, regardons d'un peu plus près la réalité sociolinguistique derrière ces concepts. Et là on peut constater que bien que la rencontre de deux ou de plusieurs langues dans une même société, peut différer d'un pays à l'autre, le but est partout le même, à savoir de pouvoir vivre le plus possible dans des contextes monolingues et monoculturels. Pour y parvenir, on essaie, si on a les moyens, d'assimiler l'autre à sa propre langue et culture, ou bien, si on n'est pas suffisamment fort, on essaie de le tenir à distance pour qu'il ne dérange pas. Pour vérifier cette hypothèse (en Europe je ne vois que le Luxembourg qui, jusqu'à un certain point, fait exception à cette règle) examinons le maniement du plurilinguisme social dans deux sociétés, qui, de prime abord, semblent réagir tout-à-fait antithétiquement. Je pense au contact entre Slovènes et Germanophones en Carinthie et à celui entre Romands et Alémaniques en Suisse (deux situations que je connais par mes recherches sur le terrain[2]).

2.1. Commençons par l'Autriche. Les Slovènes en Carinthie représentent la minorité territoriale la plus importante du pays. Lors du dernier recensement officiel de la population (1991), on comptait en Carinthie du sud 15.573 Slovènes, ce qui représente 4,8% de la population totale. Occupant ce territoire depuis le 6e siècle, les Slovènes formaient sous l'Empire des Habsbourg une nationalité dans un Etat qui s'autodéfinissait comme étant multiethnique, pour devenir, après son effondrement en 1918, une minorité ethnique dans une Autriche qui, dès lors, se conçoit comme un pays germanophone. Il s'ensuit une forte pression assimilatrice de la part de la population austro-allemande et une tendance à mettre à l'écart ceux qui insistent sur une pratique slovène, connotée, jusque dans les années 1950, d'irrédentisme[3]. Même aujourd'hui, où les Carinthiens slovènes affichent ouvertement leur appartenance politique et idéologique à l'Autriche, une telle méfiance, qui a perdu tout fondement

2. Cf. Cichon 1992, 1993, 1995, sous presse.

3. L'effet de cette pratique apparaît dans les chiffres : tandis qu'en 1981, ils ne sont plus que 15.000 à se déclarer Slovènes, en 1951, ils étaient encore 43.000 à le faire et en 1880 85.051.

réel, est artificiellement attisée par des groupes nationalistes carinthiens-allemands, surtout par le *Kärntner Heimatdienst* (KHD)[4]. Cette attitude d'une partie importante de la population majoritaire que l'on peut appeler sans doute xénophobe, se manifeste par exemple dans la non-acceptation des stipulations du traité d'Etat de 1955 entre l'Autriche et les alliés de la seconde guerre mondiale concernant les groupes minoritaires.

Pour ne citer que deux exemples : lorsque le gouvernement autrichien fait installer, en 1972, des panneaux topographiques bilingues allemands-slovènes dans le sud de la Carinthie et remplit ainsi, bien tardivement, une des obligations du traité cité ci-dessus, ces panneaux sont aussitôt détruits par des nationalistes carinthiens-allemands[5]. Le deuxième exemple est celui du slovène à l'école : le traité d'Etat prévoit, dans la Carinthie du sud, un enseignement primaire obligatoirement bilingue pour tous les écoliers, y compris les germanophones. Or, sous la pression massive des groupes nationalistes carinthiens-allemands, les parents ont la possibilité, à partir de 1958, de dispenser leurs enfants de cet enseignement. Par conséquent, 80% des écoliers l'abandonnent et parmi eux, plus de la moitié de langue maternelle slovène. A partir de 1959, il faut inscrire les enfants, si l'on veut qu'ils suivent un enseignement bilingue. D'où le fait que le pourcentage des élèves inscrits à un cours bilingue tombe à 14% dans les années 60, un certain nombre d'entre eux étant de lan-

---

4. Cf. Gstettner 1988 ; Perching 1989 ; Menz / Lalouschek/ Dressler 1989.
5. Cf. Baumgartner 1995 : p. 33.

gue maternelle allemande. C'est surtout ce dernier phénomène qui pousse les nationalistes carinthiens-allemands à aller encore plus loin et à revendiquer dès 1959 des écoles primaires séparées pour les deux groupes ethniques. Après de longs pourparlers, un tel enseignement séparé voit le jour en 1987. La forme en est la suivante : lorsqu'on compte plus de 7 élèves inscrits pour l'enseignement bilingue, on ouvre une classe. Quand le nombre reste en dessous de ce chiffre, on procède à une séparation temporelle de la classe, c'est-à-dire qu'un deuxième maître s'occupe 14 heures par semaine, dans une partie de la classe, des élèves inscrits aux cours bilingues[6]. Selon le pédagogue Peter Gstettner cette séparation des écoliers de langue slovène les enferme dans un ghetto[7].

La politique assimilatrice engagée par la majorité germanophone contre la minorité slovène repose sur trois éléments-clés qui à mon avis sont hautement caractéristiques pour toute situation plurilingue qu'on pourrait appeler conflictuelle :

a) *avilir la langue et la culture socialement inférieures*. Ce qui dans plusieurs contextes européens, par exemple dans celui des langues régionales en France, se réalise sous forme de *patoisation* de la conscience linguistique des locuteurs (pour y parvenir il suffit de leur barrer, par exemple au niveau de l'école,

---

6. Cf. Domeij 1989 : pp. 8-14. Les matières enseignées sont les suivantes : 3 heures de leçons de choses, 7 heures d'enseignement slovène-allemand et 4 heures de mathématiques.

7. Gstettner 1988.

l'accès au savoir authentique sur leur propre culture et de leur inculquer par la suite l'idée de la supériorité de la langue dominante), se réalise en Carinthie sous forme d'une véritable démonisation de la culture slovène, contre laquelle les nationalistes carinthiens-allemands mènent ce qu'ils appellent eux-mêmes un « Abwehrkampf » (combat défensif). Pour s'en rendre compte il suffit de feuilleter les journaux régionaux. Les discours antislovènes y sont truffés de métaphores de guerre, telles « veiller », « combat », « défense », « capitulation », « fortifications frontalières », « capitulation », « gagner », « héros », « sentinelle », « avant-poste », « sacrifice du sang » etc[8].

b) *polariser les cultures en les déclarant être incompatibles*. En Carinthie on établit à cet effet une série de dichotomies et les connote de 'bon' vs. 'méchant', par exemple « Carinthien allemand » vs. « Carinthien slovène », « majorité » vs. « minorité », ou, dans le passé, « démocrate » vs. « communiste ». En France, on connaît des stratégies similaires. Il suffit de penser à des couples terminologiques: « langue » vs. « patois » ou « culture » vs. « folklore ». A travers ces dichotomies on veut suggérer l'impossibilité de tenir à la culture slovène et être à la fois bon citoyen autrichien et bon Carinthien. En même temps on veut forcer, à travers ce qu'on appelle en Carinthie le « Bekenntniszwang », les Carinthiens de langue maternelle slovène à opter publiquement pour l'un des deux groupes, en se définissant ainsi contre l'autre.

8. Cf. Menz / Lalouschek / Dressler 1989.

c) *isoler le groupe minoritaire dans la société et essayer de le diviser.* En ce qui concerne l'isolement social d'une langue, il suffit de regarder le destin scolaire du slovène pour se rendre compte comment cela fonctionne[9]. Quant à la division de ce groupe linguistique, on a inventé, à côté du terme « slovène », celui de « Windischer ». On l'appliquait à tous les Slovènes carinthiens qui en 1920 s'étaient prononcés pour l'Autriche et qui ne rentraient donc pas dans la dichotomie *Slovène national* (méchant) contre *Carinthien allemand* (bon). Par la suite, on a essayé, à travers une nouvelle connotation antagoniste des termes *Windischer* versus *Nationslowene*, de creuser le clivage idéologique entre les Carinthiens de souche slovène qui ont rigoureusement restreint la pratique de leur langue et de leur culture d'origine à des sphères privées ou qui l'occultent complètement et ceux qui la pratiquent ouvertement (à côté de l'allemand bien entendu). En même temps, la notion de *Windisch* renferme un élément linguistique : de la variante dialectale du slovène tel qu'il est parlé en Carinthie on veut ainsi faire un idiome nébuleusement dénoté comme langue slave allemande pour occulter sa parenté linguistique avec le slovène de Slovénie. Tôt déjà, des cercles nationaux-allemands en Carinthie avaient ainsi mis en pratique ce qui plus tard fut formulé par Louis-Jean Calvet, à savoir que le contrôle des pratiques culturelles passe avant tout par celui de la taxonomie linguistique.

9. Cf. ci-dessus.

Ce qui est valable pour le slovène l'est aussi pour les langues régionales en France. Pensons seulement au traitement idéologique de l'occitan comme forme dérivée du français ou au terme de « langues et dialectes locaux » que l'on trouve dans le texte de la loi Deixonne de 1951.

La confrontation des langues du type carinthien semble mettre en évidence une règle générale qu'on pourrait définir comme suit : lorsque le rapport de force entre deux groupes linguistiques dans une même société est tel que le groupe majoritaire a la possibilité et les moyens de faire passer sa propre langue dans tous les domaines de la communication, il en profite pour réaliser un monolinguisme social dans sa propre langue. Par la suite, les locuteurs de la langue minoritaire ainsi marginalisés ont souvent tendance à accomplir l'acculturation en assumant la langue dominante aussi pour la communication privée. Dans ce contexte, toute forme de plurilinguisme individuel ou social ne représente qu'un stade de transition d'une langue à l'autre. Toute forme d'interculturalité étant exclue dans le modèle social, du point de vue de la minorité linguistique, ce modèle ne peut être qualifié que de confrontatif ou conflictuel.

2.2. Passons maintenant à l'analyse de la réalité du plurilinguisme social et individuel en Suisse, apparemment fort différente de celle de la Carinthie, et qu'on situerait plutôt, dans le cadre de la dichotomie 'conflit' vs. 'contact', du côté 'contact'. Cependant il faut tout de suite souligner que si l'Etat suisse est plurilingue, le pays même et les locuteurs des différentes langues ne le sont pas du tout. Ils vivent en grande majorité dans des contextes monolingues, ceux de leur propre langue maternelle. C'est le principe de la territorialité linguistique qui assure que la Suisse, en matière linguistique n'est que la juxtaposition de trois aires rigoureusement monolingues dans tout ce qui touche à la vie publique, administrative et scolaire (seuls le canton des Grisons et des zones de transition le long des frontières linguistiques font exception à cette règle). Selon ce principe toute personne allophone s'installant dans la partie italophone, francophone ou germanophone de la Suisse est amenée à s'assimiler linguistiquement, d'envoyer par exemple ses enfants à l'école dans la langue territoriale. Selon bon nombre de mes interlocuteurs en Suisse, c'est justement grâce à ce fédéralisme en matière linguistique, ou, autrement dit, à ces possiblités ségrégatives que les différents groupes linguistiques restent ensemble sous le toit d'un même pays. Il faut donc constater que la vision du Suisse plurilingue est plutôt un mythe, que sa pratique linguistique quotidienne en règle générale est aussi peu plurilingue que celle de l'habitant de tout autre pays européen. Certes, tous les Suisses sont amenés à apprendre à l'école au moins une des trois autres langues officielles, mais cela ne va pas forcément très loin. C'est en 1990 que le public suisse a dû s'en rendre compte : au mois d'août de cette année-là deux jeunes Suisses, membres de la croix rouge internationale, l'un d'origine suisse-allemande et l'autre d'origine romande retournent au pays après avoir été retenus pendant neuf mois en otage au Liban. Seulement après leur libération, ils doivent avouer que, incarcérés tout le temps ensemble dans un garage, ils n'ont pas pu communiquer entre eux parce que leur connaissance de la langue de l'autre était absolument insuffisante (et que le Romand, de surcroît, ne parlait pas anglais).

Même dans les quelques zones bilingues du pays, par exemple à Bienne à la frontière linguistique entre la Suisse allemande et la Suisse romande, ville officiellement bilingue et de l'avis général l'endroit le plus plurilingue du pays, les contacts entre germanophones et francophones se limitent strictement au nécessaire. En même temps la minorité francophone (elle représente à peu près un tiers de la population) profite du bilinguisme officiel de la ville pour établir (sous la bienveillance et même l'encouragement de la majorité germanophone) une infrastructure complète dans sa propre langue qui fonctionne à côté de celle en allemand. Deux exemples : n'importe quel club de sport a sa section germanophone et sa section francophone et le lycée de Bienne se divise en un bâtiment pour les jeunes Biennois de langue allemande et un deuxième bâtiment réservé aux Biennois francophones. Même à la cantine, que l'on utilise en commun, s'autoorganise une ségrégation des groupes linguistiques : il y a des tables réservées aux Romands et d'autres où l'on ne parle qu'allemand ... Il n'y a que le domaine du commerce et de la profession où on procède à un contact interlangue un peu plus intense. A côté de cela il existe naturellement des Biennois bilingues, mais le « vrai Biennois bilingue » appartient de plus en plus au passé.

Alors on peut constater, en ce qui concerne la Suisse, que la confrontation des langues s'y déroule dans des conditions plutôt paisibles, même harmonieuses. Mais cela ne veut pas du tout dire qu'il y ait plus de contacts entre « les langues en contact » que dans des contextes plurilingues conflictuels (c'est plutôt le contraire qui est vrai). Car la condition de la paix semble être la séparation des groupes linguistiques.

3. Depuis que la Révolution française et le romantisme allemand ont lancé les projets de l'Etat-nation, les pays européens essaient de se réorganiser de manière monolingue et monoculturelle. Les deux stratégies principales pour y parvenir sont l'assimilation (de l'autre au propre modèle linguistique et culturel) et la ségrégation. Tandis que la première stratégie provoque obligatoirement beaucoup de frictions sociales et pour cette raison est appelée à juste titre 'conflit', la mise en pratique de la deuxième stratégie est beaucoup plus discrète, car elle peut s'appuyer sur un plus grand consensus des groupes linguistiques concernés, sans mériter pour autant d'être qualifiée de 'contact', car de contact, il n'y en a guère.

Bibliographie :

Aracil Ll. (1982), *Papers de sociolingüística*, Barcelona.
Baumgartner G. (1995), *6 x Österreich*. Geschichte und aktuelle Situation der Volksgruppen, Klagenfurt, p. 33.

Calvet L.J. (1987), *La guerre des langues et les politiques linguistiques*, Paris.
Cichon P. (1992), « L'escòla primària eslovèna-alemana en Caríntia : una inspiracion per l'ensenhament bilingüe en Occitània? », in *Lengas*, 31, pp. 123-40.
Cichon P. (1993), « Euròpa plurilingua : Contactes e conflictes », in *La Revista Occitana*, Num. 1, pp. 67-79.
Cichon P. (1995), « Mal Mehrheit, meist Minderheit : frankophone Schweizer im Umgang mit Deutschschweizern », in Kattenbusch, Dieter, éd. *Minderheiten in der Romania*, Wilhelmsfeld, pp. 223-37.
Cichon P. (sous presse), *Sprachbewußtsein und Sprachhandeln : Bedingungen und Formen des Umgangs von Romands und Deutschschweizern in verschiedenen urbanen Kontexten* (thèse d'Etat ; sous presse).
Domeij T. éd. (1989), *Das Jahr danach*, Beiträge und Dokumente zum ersten Geltungsjahr des Kärntner Minderheitenschulgesetzes 1988, Klagenfurt, pp. 8-14.
Gstettner P. (1988), *Zwanghaft Deutsch?* Über falschen Abwehrkampf und verkehrten Heimatdienst. Ein friedenspädagogisches Handbuch für interkulturelle Praxis im « Grenzland », Klagenfurt.
Kremnitz G. (1979), *Sprachen im Konflikt*. Theorie und Praxis der katalanischen Soziolinguisten, Tübingen.
Kremnitz G. (1981), « De l'occitan au français (par le francitan). Etapes d'une substitution linguistique », in *Logos Semantikos*, Mélanges Eugenio Coseriu, Berlin, New York, Madrid, pp. 183-95.
Kremnitz G. (1981), *Das Okzitanische*, Sprachgeschichte und Soziologie, Tübingen.
Kremnitz G. (1991), « Y a-t-il des diglossies neutres? », in *Lengas*, 30, pp. 29-36.
Kristol A.M. (1993), « Introduction », in Kristol, Andres M. /Wüest, Jakob Th., *Aqueras montanhas*, Etudes de linguistique occitane : Le Couserans, Tübingen et Bâle, surtout pp. 9-17.
Lafont R. (1979), « La diglossie en pays occitan, ou le réel occulté », in Kloepfer, Rolf, éd. *Bildung und Ausbildung in der Romania*, München, tome II, pp. 504-12.

Lafont R. (1984), « Pour retrousser la diglossie », in *Lengas*, 16, pp. 5-36.
Lüdi G. (1989), « Situations diglossiques en Catalogne », in Holtus, Günter / Lüdi Georges / Metzeltin éds. *La Corona de Aragón y las lenguas románicas*. Miscelánea de homenaje para Germán Colón, Tübingen, pp. 237-265.
Menz F., Lalouschek J. et Dressler W. (1989), *« Der Kampf geht weiter. » Der publizistische Abwehrkampf in Kärntner Zeitungen seit 1918*, Klagenfurt.
Perching B. (1989), *« Wir sind Kärntner und damit hat sichs... » Deutschnationalismus und politische Kultur in Kärnten*, Klagenfurt.
Vallverdú F. (1979), *Dues llengues : dues funcions?*, Barcelona.
Weinreich U. (1953), *Languages in contact*, The Hague, 1963.

Christian LAGARDE*

UN CONFLIT DANS LE CONFLIT : langue minoritaire et immigration espagnole en Roussillon

L'étude de cas qui va suivre ne vise pas à départager les deux concepts de *contact des langues* et de *conflit linguistique*. Sur le territoire roussillonnais (dont la dénomination elle-même est loin d'être innocente), l'histoire a, comme ailleurs, déposé ses strates de populations, chaque groupe étant porteur de *sa* langue. Trois d'entre elles seront prises en compte : le catalan, en tant que *langue originelle*, implantée sur ce territoire depuis un millénaire, successivement *langue des pouvoirs féodaux*, *langue du peuple*, puis (et de ce fait aussi) *langue minorée* ; le français, d'abord *langue du conquérant*, puis *langue d'Etat* ; l'espagnol (ou castillan), en tant que *langue d'immigration*, mais *dominante* dans l'Etat voisin. L'arabe n'apparaît pas, pour d'évidentes raisons d'incompétence linguistique de l'auteur de ces lignes, mais il y aurait aussi sa place.

* Université de Perpignan

Ces *langues*, qui ont ici une histoire dissemblable et jouissent de statuts divers, se trouvent donc *en contact* sur le terrain roussillonnais. Une telle affirmation n'est rien d'autre qu'un *constat*, impropre à rendre compte des relations qu'elles entretiennent à travers leurs groupes de locuteurs. Groupes sociaux et groupes linguistiques (parmi lesquels les lignes de fracture courent de manière singulière) ont à la vérité des *intérêts divergents*, qui configurent un *conflit linguistique*, et plus précisément *des* conflits linguistiques. Les tensions entre le pôle francophone et le catalanophone ne sont assurément pas identiques à celles qui séparent ces deux groupes de la population castillanophone. A mon sens, en effet, la présence de ces immigrés engendre en réalité un *conflit dans le conflit*, comme je tenterai progressivement de le montrer.

1. De quelques dénominations conflictuelles.

1.1. L'identité d'un territoire.

La zone comprise entre le *pas de Salses* et les Albères - du nord au sud - et structurée autour de trois vallées (des fleuves côtiers Agly, Têt et Tech), parallèles entre elles ainsi qu'à l'axe pyrénéen, fait l'objet d'un *conflit de nomination* significatif à bien des égards. Si la nomenclature départementale de l'Etat français en fait : les *Pyrénées-Orientales* (familièrement, les *P.-O.*) selon une logique géographique appliquée aux diverses composantes du territoire national, sa dénomination antérieure de

Roussillon, héritée de l'Ancien Régime (la province dans sa totalité prenant en 1659 le nom d'une de ses parties, la *plaine du Roussillon*[1]), demeure d'un usage très courant.

Ajoutons-y deux appellations voisines et concurrentes issues de la revendication linguistique, culturelle et nationalitaire des années soixante-dix, *Catalunya Nord* et *Catalunya del Nord*[2], dans lesquelles le rattachement à l'ensemble transpyrénéen de la Catalogne (dont le territoire fut démembré par le Traité des Pyrénées) se trouve proclamé ; puis le tout récent label promotionnel, à l'initiative du Conseil Général du département, de *Pyrénées-Roussillon*[3]. Ce sont donc quatre, voire six dénominations qui circulent avec des fortunes diverses[4] sur ce territoire.

Chacune d'elles, cela a été souligné[5], a une origine qui non seulement peut être datée mais clairement identifiée sur le plan socio-politique. De même leur usage par tel ou tel individu, ou-

---

1. Au Roussillon, il convient en effet d'adjoindre (en simplifiant) le Vallespir, le Conflent, la Cerdagne et le Capcir ainsi que le Fenouillèdes.

2. Mais le Fenouillèdes, inclus dans le département, est occitanophone, et par conséquent exclus de la Catalogne.

3. Ce terme est un compromis entre *Pyrénées-Orientales* et *Roussillon*. Il évince l'adjectif topographique à l'image des autres évolutions opérées parmi les départements français, mais surtout il associe deux valeurs sûres de promotion touristique : la montagne et le soleil.

4. Une enquête d'opinion publique portant sur leur reconnaissance, la préférence qui leur est accordée, serait sans aucun doute fort instructive.

5. Sans toutefois développer cet aspect, on le comprendra, dans le cadre qui nous est imparti.

tre leur degré de socialisation, pourrait révéler une part de ses convictions, ou encore de ses connaissances géo-historiques (et son souci de précision à leur égard). La pluralité, la concurrence sur le *marché langagier* roussillonnais[6], configurent un *conflit de nomination* qui ne fait que renvoyer à un *conflit linguistique* déjà ancien : la dénomination entérine et explicite deux espaces de référence alternatifs et donc antagoniques, soit l'Etat français, soit la Catalogne (Nord plus Sud) recomposée, par-delà laquelle se profile l'ensemble des *Països Catalans*, qu'intègrent également le Pays Valencien et les Iles Baléares.

Chacune de ces entités territoriales dispose aujourd'hui d'une représentation politique et d'institutions gouvernementales propres, quoique d'un ensemble de prérogatives bien distinct, eu égard à sa constitution ou non en Etat. Cependant, il n'en a pas toujours été ainsi : l'histoire récente de l'Espagne témoigne de spectaculaires fluctuations en matière d'autonomisation des régions, et singulièrement de la Catalogne. Poser l'identification du territoire roussillonnais en termes de *Catalunya (del) Nord* revient à le soustraire à l'Etat français, et à faire corps avec la région autonome face à l'Etat espagnol, dans une forme de sécessionnisme passablement explicite[7].

---

6. Pour reprendre, approximativement, l'expression de Bourdieu. Quant à l'adjectif, il est assurément le plus commode (parce que non composé), mais il n'en est pas moins analysable, le rédacteur de ces lignes se trouvant pris à son propre piège.

7. La publication par le quotidien barcelonais de langue catalane *Avui* dans son Annuaire 1996 d'une carte gommant la frontière étatique a provoqué une très

1.2. La nomination d'une langue.

Un tel choix politique repose fondamentalement sur une option linguistique, celle du catalan face d'une part au français et d'autre part à l'espagnol, identifié en tant que *castellà* (castillan). Il va sans dire qu'intérêts politiques et linguistiques ont partie liée, et que les relations qu'entretiennent les langues sont de manière quasi-générale de nature conflictuelle. Je reviendrai bientôt sur cet aspect, d'un point de vue théorique, conceptuel, mais je me dois auparavant d'éclairer le débat *espagnol-castillan* comme un autre conflit de nomination, lui aussi d'importance, eu égard aux populations envisagées dans cette étude de cas.

Dénommer la même langue *espagnol* ou *castillan* n'est guère innocent. La première appellation pose en effet comme évidence implicite la corrélation entre l'Etat-nation et sa *langue... nationale*, c'est-à-dire unique, ou en d'autres termes *exclusive* à l'égard de toute autre pratiquée sur l'étendue du territoire national. En revanche, *castillan* est une dénomination plus exacte d'un point de vue strictement linguistique, puisque, les circonstances historiques ayant fait de la Castille le pôle dominant de l'Espagne, c'est la modalité linguistique de cette région et de ce royaume qui a prévalu.

---

vive réaction de la part du préfet des Pyrénées-Orientales et réactivé une polémique quelque peu apaisée. Cependant, des rubriques d'information, dans la presse écrite et radiophonique locales (« Sans frontières/*sense fronteres* ») n'en sont pas moins explicites d'un état d'esprit militant.

On observe du reste que, pour des raisons vraisemblablement différentes, tant les Castillans eux-mêmes (Delibes 1979 : 7-10) que la plupart des Espagnols, de même que la totalité des Hispano-américains, ont fait leur la désignation par le terme d'*espagnol*. Pour les premiers nommés, c'est à coup sûr une manière de formuler le succès politique de leur idiome ; pour les deuxièmes, une façon d'instaurer une dichotomie, affective ou hiérarchique, entre la langue nationale, le standard, et leur propre modalité linguistique (qu'elle soit dialectale ou de langue distincte[8]) ; pour les derniers, la marque du lien colonial à « la mère-patrie » qu'est pour eux l'Espagne, au sein du conglomérat de *la Hispanidad* (homologue, par exemple, de la *francophonie*)[9].

Cependant, chez les Catalans, et tout particulièrement parmi les catalanistes, l'usage du vocable *castillan*, qui en appelle au linguistique et non au politique, est une manière de dénier à la *langue nationale* de l'Espagne un tel statut, dominant ou exclusif, et de poser le catalan comme son égal en droit. La science linguistique est en effet en mesure de légitimer un tel égalitarisme militant[10].

8. Par exemple, lorsque les Andalous affirment « *hablar español* », ils signifient parler *différemment* du castillan.

9. Le monde *hispano-américain*, majoritaire en son sein, se démarque ainsi du *latino-américain* qui inclut le Brésil lusophone.

10. Et même au-delà, puisque l'intonation qui accompagne « *castellà* » peut fréquemment être franchement péjorative dans la bouche de certains catalanistes.

Ces considérations peuvent donner l'impression au lecteur une digression fort peu utile au propos initialement annoncé :s relations entre « langue minoritaire et immigration pagnole en Roussillon ». Néanmoins, nous avons observé squ'ici, sur le plan de la nomination, à la fois les attitudes vergentes quant à la désignation du territoire d'accueil de mmigration (entre autres *Roussillon/Catalogne [du] Nord*) et ;alement quant à la désignation de l'une des langues *spagnol/castillan*) en jeu sur ce territoire du fait de la igration. Tous ces éléments présentent une *charge conflic-elle* ; ils témoignent d'un conflit dont le centre de gravité est la ıtalogne et sa langue, aux prises, de part et d'autre des 'rénées, avec les univers français et espagnol, sous-tendus acun par un Etat et une langue nationale *a priori* exclusive.

Immigration espagnole et origine géolinguistique.

2.1. L'immigration endolingue traditionnelle.

Parler d'immigration espagnole en territoire roussillonnais vient à envisager l'histoire tout entière de cette zone charnière tre le continent et la Péninsule ibérique, et en premier lieu à nsidérer la question de l'établissement de la frontière. Quelque nomination qu'on lui donne, cette région, plus ou moins bien -née à l'ouest par les limites des bassins versants des trois rs d'eau[11], et délimitée à l'opposé par la mer Méditerranée,

---

ı tel est le cas pour la vallée du Tech, la Cerdagne, bi-nationale, constitue

est circonscrite (à l'exception notable du Fenouillèdes) à l'intérieur du tracé des *deux frontières* politiques que lui a donné l'histoire (cf. pour un panorama plus développé, Lagarde 1996a : 15-44 ; 1996b : 21-42).

La frontière romaine, qui suit en principe la ligne de crêtes *pyrénéenne*, des cimes cerdanes jusqu'aux Albères maritimes, en est la limite méridionale. Celle du Nord, qui épouse les contreforts méridionaux des *Corbières*, est celle qui, de 1258 à 1659, sépara le royaume de France de celui d'Aragon, après l'annexion du Languedoc à la France, et avant celle du Roussillon lui-même à cette couronne. Depuis lors, la frontière pyrénéenne a retrouvé son antique fonction démarcative.

Le destin historico-politique du Roussillon l'a donc tantôt associé au continent européen, tantôt à la Péninsule ibérique ; mais la, ou plutôt les, frontières n'ont jamais constitué pour autant des obstacles véritablement étanches à la circulation des hommes et des biens. La complémentarité économique, les accidents climatiques tout comme les péripéties socio-politiques ont donné lieu, selon les époques, à des échanges et à des mouvements migratoires dans les deux sens, d'une importance et d'une durée variables, mais néanmoins constants (Taillefer 1974).

Que ce soit, anciennement, du Languedoc vers la Catalogne roussillonnaise (ou réciproquement), ou bien encore, plus

---

un point de dispersion des eaux (vers le Roussillon pour la Têt ; vers l'Ebre péninsulaire par le Sègre), tandis que seul le cours inférieur de l'Agly est en zone proprement catalane.

tard, de la France vers l'Espagne (ou vice-versa), la permanence sous la *discontinuité* des mouvements est remarquable (coll. *Exil...* 1991). La *langue* est également un facteur important qui préside à ces transferts. On a parfois opposé exagérément, au nord, Languedoc et Roussillon, c'est-à-dire les domaines occitanophone et catalanophone, afin de minimiser l'importance de la frontière pyrénéenne (Guiter 1972). S'il est avéré que les aires linguistiques sont distinctes et parfaitement repérables par le dialectologue, force est cependant de constater que les parlers s'organisent en un *continuum*, selon un subtil dégradé de part et d'autre (Costa 1974 ; Guiter 1966 ; Verdaguer 1974).

Il est beaucoup plus évident, à la vérité, que la frontière méridionale n'a, du point de vue linguistique, aucune pertinence réelle, si ce n'est au plan dialectal. De part et d'autre vivent des Catalans parlant la même langue, qui n'est pas pour autant identique, en particulier du fait de la partition en deux Etats distincts. Le caractère dominant du castillan au Sud, et bien davantage encore du français au Nord, a conduit en près de trois siècles et demi le catalan roussillonnais à *diverger* de plus en plus de celui parlé au Principat. Les calques et surtout les emprunts lexicaux, en matière de néologismes, l'attestent. Il est de coutume de citer l'exemple des allumettes, *llumins* selon le standard, réalisé soit en *mixtos* au Sud, soit en *allumetes* au Nord. Mais on sait combien ces points de détail, quoique nombreux et irréfutables, ne sauraient masquer sérieusement la communauté fondamentale de langue.

A considérer l'immigration en provenance de l'Etat espagnol qui affecte le Roussillon au cours des siècles passés, il est évident que ce mouvement se réalise, pour l'essentiel, à une *micro-échelle*. C'est une migration économique de voisinage, qui conduit des Catalans espagnols catalanophones vers une région catalanophone du territoire français. Cette modalité traditionnelle s'est perpétuée très majoritairement au XX° siècle jusqu'aux années soixante. Si nous prenons appui sur des comptages démographiques fiables, comme ceux de Marie-Ange Isern et de Georges Costa (Isern 1972 ; Costa 1974), nous constatons des pourcentages très élevés de *catalanophones*, fluctuant entre 80% et 95% selon les dates, parmi les immigrants espagnols recensés.

Cette caractéristique d'origine géolinguistique n'est pas sans effet sur la probabilité d'*intégration* sociale des nouveaux arrivants. En effet, la communauté de langue avec les autochtones confère à cette immigration un caractère d'*invisibilité* propice, à très court terme, non seulement à une intégration mais à une véritable assimilation des Catalans en provenance du Principat. Costa indique même, pour les années trente (à la suite de la crise économique), un phénomène de recatalanisation d'une société roussillonnaise de plus en plus gagnée par la francisation[12], dont l'Ecole publique constitue le vecteur le plus efficace.

Avec la *Retirada*, la défaite républicaine lors de la guerre civile espagnole (1936-39) fait affluer une masse imposante d'Espagnols composée majoritairement de Catalans : la

12. *ibid.*

Catalogne est anti-*nacional* (franquiste) et cette région constitue le dernier réduit républicain avant la victoire totale de Franco et des siens. Ainsi, le changement de nature de la migration, qui voit alors se substituer les réfugiés politiques aux immigrants économiques, ne modifie en rien son caractère endolingue, et l'influence positive en vue de l'intégration mise en lumière pour les périodes précédentes. On est certes passé d'une forme individuelle à un phénomène de masse, mais l'on sait que les camps d'internement de la côte roussillonnaise (Dreyfus-Armand, Temime 1995) ont assez tôt été vidés de leur population, un temps excessive, par sa distribution vers l'ensemble du territoire français. Il est cependant opportun de distinguer, par la suite, ces deux catégories, dans leur attitude à l'égard du retour et donc les efforts consentis en vue de l'intégration.

2.2. L'immigration exolingue des années soixante.

La fin de la guerre civile espagnole a correspondu aux débuts de la Deuxième guerre mondiale, à laquelle l'Espagne exsangue[13] et relativement neutre (cf. Bennassar 1995 : 127-165) du Caudillo n'a guère pris part. La fermeture de la frontière pyrénéenne après la victoire des Alliés, l'isolement dans lequel est confiné le comparse des vaincus, interrompent tout mouvement migratoire, en dépit de passages clandestins (Pike 1975).

---

13. Le conflit se solde par un million de morts, de nombreux prisonniers et condamnés aux travaux forcés, et un important exil des Républicains qui prive le pays, détruit par ses deux factions rivales, de précieux cadres.

Il faut attendre, dans le contexte de la « guerre froide », la négociation avec les Etats-Unis et le « Plan de stabilisation » pour que, à compter du milieu des années cinquante, une émigration économique soigneusement encadrée voie le jour. Les contrats de travail collectifs sont généralement avalisés de manière bilatérale par les organismes gouvernementaux de l'Espagne et des pays de l'Europe occidentale en pleine expansion, et fortement demandeurs de main d'œuvre que sont l'Allemagne fédérale, la Belgique, les Pays-Bas, la Suisse et la France.

Par ailleurs, deux phénomènes, l'un concomitant, l'autre légèrement postérieur, affectent l'Espagne franquiste. Tout d'abord, en liaison avec ses déséquilibres structurels, et déterminée aussi par une volonté politique d'homogénéisation nationale, l'importante migration de ressortissants d'un Sud archaïque et sous-développé vers les pôles dynamiques du pays, en particulier la Catalogne (de même que le Pays Basque) hostile au pouvoir. L'émigration vers l'étranger ne fera que prendre le relais de ce premier mouvement, et Barcelone servira fréquemment de lieu de transit vers une destination plus éloignée. Dans le sens opposé, à compter de 1962, l'Espagne s'ouvre au tourisme, essentiellement européen, sous l'étendard du slogan « *Spain is diferent* ».

Une telle évolution affecte les contrées nord-catalanes qui connaissent alors un *boom* dans le secteur de l'agriculture spéculative (horticulture sous serres et tunnels associée à l'arboriculture). Les atouts du Roussillon dans le cadre du Marché Commun européen sont alors à la fois son climat permettant la production de primeurs, et des moyens modernes de transport sur un axe Sud-Nord[14]. Le besoin de main-d'œuvre agricole se faisant sentir, c'est une population espagnole méridionale, en provenance de Murcie, d'Andalousie Orientale (Grenade, Almeria et Jaén), et parfois même d'Extrémadure, qui fait irruption en rangs serrés (Rubio 1974). La progression est sensible, d'une année sur l'autre à partir de 1955, et le maximum est atteint en 1964, se maintient à un niveau élévé jusqu'en 1967 pour décliner très sensiblement en 1974 avec la dénonciation des accords bilatéraux consécutive à la crise dite du « premier choc pétrolier » (Bertrand 1979).

Or, le changement d'origine géolinguistique des immigrants espagnols ainsi que l'évolution de modalité migratoire se révèlent lourds de conséquences quant aux relations avec la population autochtone et dans la perspective d'intégration des nouveaux arrivants. En effet, à une *identité* de langue qui caractérisait l'immigration catalanophone, succède la *confrontation* avec une *altérité* linguistique castillan-catalan, et même castillan-français[15]. De même, une arrivée plus ou moins « perlée » fait place à un phénomène *de masse* mettant en jeu non plus des individus face au groupe endogène, mais un groupe allogène face à l'autochtone.

14. Le Roussillon est alors — ce qu'il a cessé d'être depuis 1986, avec l'entrée de l'Espagne dans la C.E.E. — la frontière sud de l'Europe et un point de rupture de charge de l'Espagne extra-communautaire vers la C.E.E.

15. En liaison avec le phénomène de substitution linguistique contemporain de l'arrivée des immigrants économiques du Sud espagnol (cf. *infra*).

Ce face-à-face dont le moteur est l'altérité engendre tout simplement un *conflit linguistique*, tel que la sociolinguistique valencienne et catalane a pu le définir. Il y a bien concurrence, rejet et xénophobie de l'aborigène vis-à-vis de l'étranger, et réciproquement, en fonction de la nationalité (française contre espagnole), mais le critère linguistique qui avait jusqu'alors gommé l'appartenance nationale dans le sens de l'unification, reprend ses droits en venant souligner l'altérité nationale : l'invisibilité n'est plus de mise.

3. Un concept opératoire : le conflit linguistique.

3.1. Les définitions.

Le premier à employer le terme de *conflit linguistique* dans la zone catalane est Lluís Aracil (cf. Kremnitz 1993 ; Terracini 1957), qui dit l'avoir imaginé dès 1960 pour décrire la situation de sa région d'origine, le Pays Valencien, et le présente dans un article rédigé en français : « Conflit linguistique et normalisation linguistique dans l'Europe nouvelle » (Aracil 1965 ; 1982 : 23-38). Dans ce texte, Aracil décrit la genèse du concept en tant qu' « intrusion pluridisciplinaire » venant s'immiscer à la conjonction du champ dévolu aux « linguistes 'purs' » et de celui des « sociologues généralistes ». Il s'agissait en effet d'éclairer un point resté obscur aux uns et lacunaire pour les autres, celui de la *substitution linguistique*, déjà mis en lumière par Weinreich (Weinreich 1953/1968).

La substitution n'est autre que le résultat tangible d'un processus conflictuel dans lequel la donnée linguistique ne saurait être prise en compte isolément, mais au contraire en tant que tributaire de son environnement socio-culturel, et agissant en interaction avec celui-ci. Aracil pose donc les phénomènes résultatifs de *substitution linguistique* et de *changement social* (observés respectivement par les linguistes et les sociologues) comme étroitement liés, ce qui présuppose un lien tout aussi fort des deux facteurs *en amont*, c'est-à-dire durant la phase de *conflit* (relevant par conséquent de la sociolinguistique).

On peut par ailleurs suivre la « préhistoire » du concept à travers l'analyse bien documentée qu'a pu en faire Francesc Vallverdú dans son *Aproximació crítica a la sociolingüística catalana* (Vallverdú 1980 : 56-68). Cet auteur y souligne les développements donnés à la notion d'Aracil par son compatriote Rafael Ninyoles dans son ouvrage *Conflicte lingüístic valencià* (Ninyoles 1969 : 32-44), où il pose le problème de l'identification conflictuelle (« identificació conflictiva ») sur le plan de l'inconscient, et par voie de conséquence des *représentations* individuelles et groupales (« els individus i els sectors socials implicats » : Ninyoles 1972).

Dans une publication postérieure en castillan, Ninyoles précise encore davantage sa perception du conflit :

> Lorsque nous parlons de *conflit linguistique*, nous traitons d'un cas particulier de conflit social dans lequel les divergences idiomatiques sont susceptibles de devenir le symbole fondamental d'opposition. Bien que cela ne soit pas systématique, le

> phénomène a généralement une incidence sur les différences de classe et de *statut* ; et la langue constitue l'élément de cohésion primaire qui aiguise la conscience et clarifie la *visibilité* de ces différences. (*ibid.*)

La langue apparaît donc d'après cet auteur comme un élément sociologique qui, dans certains contextes (« *aunque no siempre* »), peut devenir déterminant, à la fois de l'identification (« *identificació* », puis « *cohesión* ») et de la démarcation, de la ségrégation (« *diferencias, oposición* »).

La notion de conflit linguistique, initiée par Aracil et largement divulguée par Ninyoles, devient un outil d'analyse pleinement utilisé dans les Pays Catalans. Dès 1977, Bernardó et Rieu l'adaptent par exemple au contexte roussillonnais pour mieux en souligner l'efficacité et montrer les réactions de rejet qu'il peut susciter. Le fait linguistique y est en effet volontiers isolé des problèmes politiques, sociaux et économiques ; le but recherché par les défenseurs de la langue catalane est un « bilinguisme » d'où est exclu, gommé, tout aspect conflictuel à l'égard du français ; et l'imposition de la norme est conçue comme venant nécessairement « d'en-haut », à l'image de la langue dominante (Bernardo, Rieu 1973 : 302-332).

Le Congrès de culture catalane qui se tient la même année insiste sur les différentes modalités de conflit linguistique qui coexistent sur l'ensemble des territoires de langue catalane. La définition donnée s'appuie en effet sur les contextes particuliers de la France républicaine et de l'Espagne franquiste, alors même que vient de s'ouvrir une nouvelle ère au Sud des Pyrénées :

> Il y a conflit linguistique lorsque deux langues clairement différenciées s'affrontent, l'une comme politiquement dominante (usage officiel, usage public) et l'autre comme politiquement dominée. Les formes de domination sont variées : de celles nettement répressives (comme celles qu'a pratiquées l'Etat espagnol sous le franquisme) à celles politiquement tolérantes (comme celles que pratiquent les Etats français et italien). Un conflit linguistique peut être latent ou aigu, selon les conditions sociales, culturelles, politiques dans lesquelles il se présente. (coll. *Congrès* 1978 t.1 : 13)

La différence de contexte induit donc tout à la fois une modalité d'action divergente de la part de l'autorité politique issue, en principe, de la volonté nationale, et un degré d'intensité variable en fonction de celle-ci. Nous retiendrons plus particulièrement de cette nouvelle définition les adjectifs « latent ou aigu » que le Congrès voit s'illustrer de part et d'autre de la frontière pyrénéenne.

3.2. Un concept ouvert ?

De son apparition militante en 1965 à sa proclamation quasi-officielle en 1977, le concept de conflit linguistique a donc opéré, d'une part une pérennisation qui avalise la vision novatrice d'Aracil, et d'autre part une évolution qui tend à le rendre « exportable » à partir du cas d'abord valencien, puis pancatalan. Les apports successifs de Ninyoles et du Congrès n'y sont assurément pas étrangers.

Ninyoles casse sans qu'on y ait, semble-t-il, réellement pris garde, le cloisonnement entre groupe(s) et individu(s) qui ferait du concept aracilien un instrument uniquement applicable à la perspective macro-sociale. Il établit en revanche formellement le lien entre la perspective individuelle, c'est-à-dire *psycho-sociale* — en fait la plus micro-sociale qui soit —, et le plan macro-social. Si l'individu est le plus souvent partie prenante d'un groupe, il en est la composante ultime, propre, éventuellement, à entrer en conflit avec un groupe constitué, ou bien un (ou des) individu(s) appartenant à un autre groupe (social, linguistique) que le sien.

En outre, Ninyoles fait intervenir au coude à coude deux plans complémentaires et antagoniques que sont l'objectivité et la subjectivité, correspondant respectivement aux concepts sociolinguistiques de *comportements et d'attitudes*. La notion de conflit repose en effet sur le constat objectif de divergences de comportements entre groupes et/ou individus. C'est sur ce plan que se situent, par exemple, les *pratiques* linguistiques, le conflit devenant patent dans le cas d'impossibilité de la communication. Mais la valeur symbolique attachée au *code linguistique* fait qu'au-delà de la simple absence d'*intercompréhension*, se trouvent mises en jeu les *représentations* liées à la langue, en tant que véhicule d'une *identité* individuelle ou collective, pouvant aller jusqu'au refus de l'intercompréhension.

Par ailleurs, le Congrès de culture catalane met en évidence l'éventualité de la *latence* du conflit, autrement dit l'absence ou l'*imperceptibilité* de son existence (cependant réelle) aux yeux d'un observateur peu averti : si l'éclat ne se produit qu'en cas de choc frontal, une position feutrée de la part du dominant conduit la revendication minoritaire à ne s'exprimer que *mezzo voce* et à accepter le *faux consensus* qu'on fait mine de lui proposer. Tout conflit n'est pas nécessairement observable dans sa phase aiguë, il peut s'exprimer dans la *discontinuité* historique, tributaire d'aléas contextuels.

La question de savoir s'il existe des « *diglossies neutres* » (opposées aux « *diglossies conflictuelles* »), ainsi que l'a suggéré Vallverdú à partir de l'exemple de la Suisse alémanique (Vallverdú 1979 : 23), est aujourd'hui encore en débat. Le point de vue exprimé par Georg Kremnitz en 1991 me paraît néanmoins le mieux étayé, lorsqu'il affirme que :

> chaque situation diglossique contient des éléments d'inégalité et par conséquent des éléments de conflit. *Le potentiel conflictuel est lié inextricablement à l'inégalité des emplois.* Ces éléments conflictuels ne sont pas continuellement actualisés, mais ils sont toujours présents, actualisables, pour ainsi dire. (Kremnitz 1991 : 29-36).

Dès lors, il semble qu'il puisse y avoir une conception relativement extensible du conflit linguistique. Si, de la même manière qu'un conflit peut être considéré comme plus ou moins provisoirement en sommeil, on peut envisager une *intério-risation* du conflit par des groupes de plus en plus restreints en nombre jusqu'à l'échelle de l'individu, il y a lieu de penser que le concept de *conflit linguistique* est pleinement opératoire, puisque modulable selon les contextes, et valable de la macro à la micro-structure. En revanche, si l'on n'accepte de lui accorder qu'une signification *groupale* et que l'on privilégie à l'excès les phases de manifestation aiguës, il convient de lui adjoindre un concept d'appoint, qui peut être celui de *conflictualité*.

J'entends précisément couvrir par ce terme, voisin de celui de « *potentiel conflictuel* » ou de « *potencial conflictiu* » retenu par Kremnitz (Kremnitz 1993 : 67), tout le domaine du *non avéré* à l'instant de l'observation, de *la potentialité, principalement (mais non exclusivement) au plan individuel*, et je me propose d'en suggérer l'application à certains aspects de l'étude du cas de l'immigration espagnole castillanophone des années soixante en Roussillon.

Mais il importe auparavant de bien caractériser le terrain sur lequel s'opère ce phénomène migratoire d'assez grande ampleur.

4. Le Roussillon, théâtre d'un conflit linguistique.

4.1. Un conflit historique (cf. Lagarde 1996b : 181-215).

Le règne des Bourbons sur les divers territoires de langue catalane peut être considéré comme étant à l'origine des conflits linguistiques que nous connaissons. Au nord des Pyrénées, la Guerre de Trente Ans se solde par l'annexion des territoires désormais dénommés *province du Roussillon* scellée par le Traité des Pyrénées de 1659, tandis qu'au sud la Guerre de Succession porte Philippe V sur le trône d'Espagne en 1715.

L'Edit promulgué en 1700 par Louis XIV aligne en fait la nouvelle province sur le régime linguistique général, régulé au royaume de France par l'Edit de Villers-Coterêts de 1539, à l'instigation de François Ier, faisant du français la seule langue officielle. La nouvelle dynastie espagnole issue de Versailles reproduira, à travers les Décrets *de Nueva Planta* de 1716, la même politique d'uniformisation linguistique, en pleine harmonie avec les principes de la monarchie absolue.

Le mécanisme conflictuel débouchant sur une *substitution linguistique* du catalan par le français a été particulièrement bien analysé par les sociolinguistes roussillonnais, et il convient d'en rappeler ici la teneur. En fait, deux points de vue s'opposent quant aux premiers temps suivant l'annexion. Pere Verdaguer présente assez schématiquement une confrontation entre un pouvoir français contraignant, désireux à tout prix de « *erradicar la llengua catalana del païs* » et une sorte de consensus des Catalans du Roussillon en faveur de la défense de leur langue (Verdaguer 1987).

En revanche, Bernardó et Rieu montrent que la situation est à la vérité moins manichéenne : si le pouvoir bourbonnien est tout à fait déterminé à imposer la langue royale, les Roussillonnais, qui étaient déjà divisés durant les hostilités (un « *grup social ultra* » pro-français n'a-t-il pas accompagné dans sa retraite l'armée française en 1652 ? ; Bernardó, Rieu 1977), le sont également après la signature du traité de paix. Bernardó et Rieu en concluent que « les dispositions légales [...] consacrent plutôt une situation de fait qu'elles n'en instaurent de nouvelle » (*ibid.*). Avant l'Edit mentionné de 1700, le Conseil Souverain, créé en 1682, avait déjà rendu obligatoire la connaissance de la langue française pour accéder aux professions libérales (Verdaguer 1987), car c'est à partir des élites roussillonnaises que la monarchie entend généraliser l'usage de sa langue. Cette première étape, qui marque le XVIII° siècle, est qualifiée par Bernardó et Rieu de « *horitzontal i selectiva* » (Bernardó, Rieu 1977).

La Révolution française amorce la deuxième phase, que ces mêmes auteurs caractérisent de « *descendent i espontània* ». Sur sa frontière méridionale, la jeune République doit faire face à une situation délicate : les nobles émigrés outre-Pyrénées fomentent la rébellion, les réfractaires à la conscription s'y réfugient, l'insurrection gronde en Vallespir, et les Cahiers de doléances témoignent d'une véritable revendication pour recouvrer des particularismes anté-français. Cependant, l'armée du Roussillon sort victorieuse de la confrontation, tandis que la francisation est désormais liée au principe fondateur de la citoyenneté : l'égalité passe par l'appropriation par chaque citoyen de la langue de la Nation.

La mobilité sociale apparaît liée ou non au changement linguistique, ainsi qu'il ressort du schéma proposé par Bernardó et Rieu dans la publication de 1977, et que le premier nommé a repris dans un texte de 1988 (Bernardó, Rieu 1977 ; Bernardó 1988 : 138-139). La petite et moyenne paysannerie aurait ainsi connu une « *mobilité sociale sans changement linguistique* » imposant aux bénéficiaires d'une certaine ascension économique un « décalage entre situation de classe et statut ». En revanche, « certaines fractions de la moyenne bourgeoisie », scolarisées en français, auraient conjugué « *mobilité sociale et changement linguistique* », alors qu'à l'opposé les classes populaires se seraient trouvées dans le cas de n'avoir « *ni mobilité sociale ni changement linguistique* ». La « petite bourgeoisie urbaine » aurait quant à elle, dans un souci d'imitation, accédé à un « *changement linguistique* » mais « *sans mobilité sociale* », se parant ainsi d'un « statut fictif ».

Des critères distinctifs — et par là même des intérêts divergents, et donc nécessairement conflictuels — ressortent d'une telle typologie. Classe sociale et réussite sociale, compétence et pratiques francophones et catalanophones, urbanité et ruralité se conjuguent, tandis que va s'accélérant le processus de substitution tout au long du XIX° siècle, impulsé par l'intégration politique à la Nation française, l'intégration économique par la spécialisation vers la viticulture et la construction du chemin de fer, et l'intégration linguistique et culturelle menée par l'Ecole laïque (Verdaguer 1987).

Bernardó et Rieu parlent alors de « *francesització coactiva* », c'est-à-dire contraignante. Sous peine de subir l'élite politique, d'être écarté du marché, il convient de maîtriser la langue dominante, que l'institution scolaire met à la disposition de tous, mais par des biais discutables, tel le fameux *signal*, symbole d'infâmie frappant quiconque s'exprimerait dans une autre langue que celle de la République, dans l'enceinte exclusivement réservée à sa propagation.

Corrélativement, le catalan se marginalise, se *vernacularise* à travers une diglossie largement répandue. De même, la langue connaît l'« *adulteració* » (Verdaguer 1987) en ce sens que la perte de prestige et/ou les nouvelles contextualisations liées à l'évolution des techniques favorisent interférence et emprunt au bénéfice de la langue française dominante. Entre une langue désormais largement fixée par l'écrit et une langue cantonnée à l'oralité informelle, le fossé se creuse.

Ces phénomènes sont connus par ailleurs dans l'Hexagone, mais le Roussillon offre un certain nombre de singularités, en particulier par rapport à l'Occitanie languedocienne qu'il jouxte. La durée de l'influence française y est moindre, l'identification linguistique et culturelle plus affirmée (le catalan n'y a jamais été dénommé *patois*) pour bon nombre de raisons qui vont être développées plus avant.

4.2. Une substitution différée ?

Le conflit linguistique franco-catalan est donc vieux de trois siècles lorsque arrivent en Roussillon les immigrants économiques qui nous occupent. Les différentes phases observées jusqu'ici auraient dû conduire inéluctablement à la substitution linguistique, mais aujourd'hui encore on ne saurait prédire avec quelque crédit l'*obsolescence* du catalan d'une manière générale, et même en Roussillon (cf. Marley 1995). Bernardó souligne à juste titre deux phases de « freinage », selon ses propres termes, de ce processus *a priori* inéluctable (Bernardó 1988).

Elles tiennent toutes deux à la position frontalière de la Catalogne du Nord, qui ne fait pas de ce territoire catalanophone une quelconque zone de langue minoritaire de l'Hexagone, mais au contraire l'adosse à un arrière-pays péninsulaire[16] démographiquement, économiquement et politiquement autrement vivace et pugnace. La frontière, faut-il le souligner, est à tous égards un élément-clé dans la compréhension de la réalité roussillonnaise.

Ces deux phases ont aussi à voir avec deux périodes d'émancipation politique de la Catalogne du Sud : les années trente, qui correspondent au premier statut d'autonomie conquis en 1932[17] ; les années quatre-vingt, dès la fin du franquisme et surtout à compter de la démocratisation de l'Espagne en 1978, qui redonne à la Catalogne une large part d'autonomie politique.

La première phase correspond à un important mouvement migratoire, semblable, quoique de plus grande ampleur, à l'immigration transpyrénéenne traditionnelle. Georges Costa a bien montré la dynamique de *recatalanisation* du Roussillon provoquée par l'arrivée d'Espagnols catalanophones et catalanistes du Sud (Costa 1974) où le processus de substitution linguistique était beaucoup moins avancé qu'au Nord, en raison de la moins grande emprise de l'Etat et d'une politique d'alpha-

16. En nous plaçant de manière « roussillonocentrique », alors que la Catalogne du Nord n'est en réalité qu'un appendice des Pays Catalans péninsulaires.

17. Ce sont les années de plus forte immigration espagnole dans les Pyrénées-Orientales, en raison d'abord de la crise économique, puis de la guerre civile et de l'exil massif qui s'en est suivi.

bétisation, et partant d'acculturation par l'Ecole totalement déficiente. Le catalan roussillonnais truffé de gallicismes se trouve confronté à une autre *norme*, regardée comme plus *légitime*[18].

La deuxième phase n'a plus rien à voir avec le phénomène migratoire, puisqu'elle n'intervient qu'après le tarissement de toute immigration, consécutif à la dénonciation des accords bilatéraux en 1974. Mais, toutes les enquêtes récentes le donnent à voir[19], l'image du catalan s'est trouvée depuis lors au moins partiellement inversée du fait de la réussite économique de la Catalogne du Sud, indissolublement liée au processus de reconquête linguistique à l'initiative du gouvernement autonome catalan. Ainsi, à la langue catalane est désormais affecté un critère utilitaire sur le marché de l'emploi, à la vérité davantage emblématique que traduit par des retombées statistiques massives[20].

---

18. C'est la norme des catalanophones cultivés, élaborée autour de Pompeu Fabra. Ce sentiment transparaît même en milieu populaire jusqu'aux années soixante. A titre d'exemple, un informateur barcelonais se rappelle s'être entendu dire alors : « *Parles el català d'allà. Parles millor que nosaltres* ». [Tu parles le catalan de là-bas. Tu parles mieux que nous].

19. Cela transparaît entre les deux enquêtes menées à Perpignan en 1988 et 1993 par la linguiste anglaise Dawn Marley et dans l'enquête Média-Pluriel commanditée en 1993 par le Conseil Régional Languedoc-Roussillon qu'elle cite (*Parler catalan à Perpignan*, *op. cit.*), ou bien encore dans Wanner (A.), « Une enquête sociolinguistique comparative à Salses (Pyrénées-Orientales) et Sigean (Aude) », *Lengas*, 33, 1993.

20. Il est cependant indéniable que le commerce et les activités touristiques et immobilières en tirent globalement bénéfice, et singulièrement en Cerdagne

Néanmoins, peut-on décemment affirmer que cette reconsidération de la langue catalane est susceptible d'engendrer un *retournement du conflit* linguistique franco-catalan, d'*inverser* un processus de substitution linguistique aussi largement engagé ? Bernardó, en 1988 ne fait état, nous l'avons dit, que d'un « *freinage* » de ce processus, ce que vient confirmer sept ans plus tard Dawn Marley. Tout en soulignant les *potentialités* découlant du changement d'image de la langue et la vitalité d'un secteur militant qui a parfois investi la sphère politique locale[21], sa conclusion demeure prudemment modérée :

> Au cours des années à venir *il se peut que* la fierté d'une identité locale réaffirmée, conjuguée avec le savoir que la langue catalane est utile, mène à une plus grande fréquentation des écoles catalanes et au renforcement des positions du catalan dans l'enseignement public, ce qui *irait* dans le sens d'un renversement de la substitution. (Marley 1995).

Où en est donc aujourd'hui le conflit franco-catalan en Roussillon ? Il semble qu'après une période d'apathie et de résignation à l'inéluctable, dont le paroxysme pourrait se situer entre le dernier après-guerre et les années soixante, on assiste, depuis les années soixante-dix à une *réactivation du conflit*, non pas tant sur le terrain concret des pratiques que sur le plan

---

française.

21. Par exemple, depuis 1993, la municipalité perpignanaise compte dans son organigramme un adjoint délégué à la culture catalane, et la ville se proclame officiellement : « Perpignan la catalane/*Perpinyà la catalana* ».

symbolique et institutionnel. Le secteur militant cultivé, qui cristallise autour du mouvement soixante-huitard et qui est stimulé et soutenu par l'émancipation transfrontalière, en est le moteur : nous avons donc affaire à une « *réactivation par le haut* », désireuse de *remettre en cause* la substitution, et qui contribue sans nul doute à la *différer*.

5. Des immigrés en conflit.

5.1. L'appartenance linguistique comme discriminant.

De manière massive, arrivent sur le territoire nord-catalan des immigrants dont la langue n'est pas, de prime abord, intelligible par l'autochtone. Celui-ci est certes accoutumé à « l'Espagnol », mais la tradition migratoire fortement enracinée le lui fait présupposer immanquablement catalanophone. S'en-suivent des problèmes de *communication* le plus souvent inédits, et l'*incompréhension* linguistique engendre toute une gamme de réactions, allant du repliement sur soi de l'immigrant, ou sur son groupe (endogène et endolingue), ou bien sur un affrontement, individuel ou groupal entre autochtones et allogènes.

Les propos recueillis quelque trente ans plus tard, et analysés dans l'ouvrage *Conflits de langues, conflits de groupes. Les immigrés espagnols du Roussillon* (Lagarde 1996b : 143-178), témoignent de l'acuité de ce conflit dans les années soixante. Il semble en effet que le quiproquo dans lequel se trouvent pris les Roussillonnais renforce le sentiment réciproque d'*altérité* qui alimente le conflit.

Cependant, la qualité d'*immigrants économiques*, en d'autres termes de *travailleurs immigrés* des allogènes, qui les met en position de concurrents sur le marché du travail roussillonnais, est la véritable base de la dissension, le critère linguistique n'étant que le *moyen* de discriminer le rival. La massivité du flux migratoire, certes objectivement motivée par la nécessité d'une abondante main d'oeuvre appelée par l'agriculture autochtone (et donc provoquée par le milieu récepteur), envenime les rapports, en comparaison avec les modalités caractéristiques de l'immigration traditionnelle, dans la mesure où ils deviennent inter-communautaires, et non plus inter-individuels.

Au sentiment d'*invasion* éprouvé par les autochtones fait écho celui d'*infériorisation* ressenti par les immigrants. Ils occupent en effet en Roussillon les tâches subalternes, et pour certains d'entre eux la migration a supposé une déqualification professionnelle accompagnée d'une *perte de statut* social qui ne peut que nourrir le ressentiment. Le *conflit social* se double d'un *conflit linguistique* qui le légitime, et l'on aboutit de la sorte à la formulation lapidaire de l'exclusion, au moyen de l'expression : « Espagnol (e/s) de merde ! » (*ibid.* : 153-154).

Cette formule est attestée en divers points d'enquête (et au-delà même du Roussillon), et suscite, même longtemps après, une forte émotion chez ceux qui se la sont vu opposer. Elle associe en effet dans un bref énoncé le rejet de l'individu dans sa nationalité et sa langue, à laquelle le castillanophone voue un attachement tout particulier. L'*irrédentisme* espagnol, singulièrement apparent dans le contexte de l'émigration (Taboada-Leonetti 1988), est tout à fait remarquable, et le distingue par exemple de l'attitude des Italiens, autres latins péninsulaires[22].

L'irrédentisme cimente donc la communauté (tout autant nationale que linguistique), de même que le travail, l'habitat et les loisirs (Lagarde 1996b : 65-171). Aux contrats de travail collectifs initiaux ont succédé des embauches soit dans la production et la commercialisation horticole et fruitière, soit dans le bâtiment et les travaux publics, où les Espagnols se retrouvent souvent majoritaires, parfois sous les ordres d'un patron d'origine espagnole, quoique le plus souvent catalanophone. Ouvriers agricoles ou de la construction occupent, en un voisinage plus ou moins compact, les « maisons de village » des bourgs, désertées par les autochtones pour des lotissements périphériques plus modernes et salubres. Le café ou le foot-ball pour les hommes, les achats ou les discussions amicales à domicile pour les femmes, contribuent également à recréer en terre étrangère des microcosmes endogènes et endolingues qui se démarquent de l'environnement social et linguistique (cf. par ex. Laurans 1994).

Ainsi s'affirme la *conscience de groupe*, lequel se présente de manière antagonique et alternative face à la communauté

---

22. C'est ce qui ressort, pour une époque différente, de la comparaison plus ou moins explicite des deux communautés dans : Milza (P.), D. Peschanski, *Exils et migration. Italiens et Espagnols en France (1938-1946)*, Paris, L'Harmattan, 1994.

réceptrice. A l'intérieur du groupe endogène, largement dimensionné, la langue d'origine suffit à la communication[23], laquelle est plus ou moins limitée, selon les individus (en fonction de leur compétence en langue seconde) et surtout selon la durée de séjour des migrants (immigrants, puis immigrés), vis-à-vis de la communauté autochtone.

Mais derrière ces données démographiques objectives se profile une représentation *surdimensionnée* du groupe allogène (tel individu, par exemple, prétend que les Espagnols représentent « la moitié » de la population du bourg de Millas, qui compte 2.800 habitants), certes *compensatoire*, qui n'en révèle pas moins le caractère conflictuel de la relation intergroupale. L'enquête effectuée a du reste pour effet objectif de réactiver, d'*exacerber* par la nécessité momentanée de la formulation (Lagarde 1993 : 12-25 ; Gardès-Madray, Bres 1988) un *conflit* volontiers *refoulé*, parce qu'aujourd'hui dépassé, comme nous le verrons par la suite.

5.2. La pureté linguistique comme argument du conflit.

Sur le plan des représentations, le terrain roussillonnais confronté à l'immigration espagnole castillanophone me paraît exemplaire. En effet, le classique affrontement social entre autochtones et allogènes s'y double d'une remise en cause des

23. Celle-ci y est du reste parfaitement régulée par un code de conduite sociolinguistique normé (cf. Lagarde, *Conflits de langues, conflits de groupes...*, *op. cit.*, p. 228-246).

premiers par les derniers cités, par le biais de l'argument linguistique. C'est également là un phénomène à double détente, envisagé à partir du point de vue des immigrés tel qu'il apparaît dans leur discours. Nous voilà donc, soulignons-le, dans le domaine de la subjectivité et des attitudes.

Premièrement, le milieu récepteur roussillonnais se singularise par une *tolérance à l'altérité linguistique* qui ne recoupe pas la discrimination observée au plan social. Et cette disjonction déroute les principaux intéressés, en l'occurrence les immigrants/immigrés castillanophones. Ils sont certes unanimes à reconnaître que cette ouverture linguistique contribue à faciliter la communication au quotidien, mais ils en soulignent cependant les effets, à savoir l'absence d'intégration linguistique occasionnée par cette sorte d'*inversion des rôles* socio-linguistiques. Ce qui est agréable à l'immigrant devient nuisible, à terme, à l'immigré dont la compétence en langue seconde demeure rudimentaire (elle *fossilise*), puisqu'il n'éprouve pas la *nécessité* de la développer.

Une telle absence de stimulation linguistique de la part de la société nord-catalane est ressentie non seulement comme préjudiciable, mais comme vraisemblablement coupable, parce que supposément mal intentionnée. En effet, la tolérance linguistique est démobilisatrice et vient contrecarrer la confrontation sociolinguistique (à la fois sociale et linguistique) nécessaire à terme à la pleine intégration (sociale et linguistique) de l'allogène à la communauté d'accueil. Elle vient rompre la loi de l'évolution selon laquelle l'individu se pose en s'opposant pour affirmer sa personnalité. Ainsi, en prenant les devants face à l'immigrant, le groupe autochtone ne cherche-t-il pas à le détourner du nécessaire affrontement ? ne se dérobe-t-il pas avec duplicité pour mieux s'assurer la position dominante ?

L'intégration linguistique ne peut que favoriser la *mobilité sociale*, et donc à terme une possible contestation, de la part de certains allogènes, du *leadership* socio-économique des autochtones. La non-nécessité d'une compétence linguistique suffisante en langue seconde entraînerait donc le désamorçage du conflit et déterminerait l'issue d'une confrontation volontiers imaginée comme redoutée.

En second lieu, et toujours selon le discours des immigrés, la communauté autochtone piège les allogènes en ne leur offrant pas un *modèle linguistique*, autrement dit une *norme* à la fois contraignante et suffisamment pure. L'héritage du conflit linguistique franco-catalan est d'avoir sécrété un interlecte, à l'image du *francitan* entre occitan et français, et que l'on pourrait dénommer ici *francillonnais*. Ce « *français régional* » fortement teinté de catalan, non seulement dans son lexique (cf. Camps 1991) mais également dans sa phonétique et sa morpho-syntaxe, constitue la *norme d'usage* de la langue populaire à laquelle est confronté l'immigrant.

Ce parler, qui n'est ni du français ni du catalan standard, n'est donc pas *pur* et se voit disqualifié à ce titre. Un tel modèle de référence impur ne pouvait qu'engendrer chez les immigrants un mode d'expression également impur, celui qu'ils baptisent « *melandjao* » (Lagarde 1996a). Ce modèle est essentiellement composite (sans que l'analyse en soit faite de manière autre qu'impressionniste[24]), instable, et finalement présenté comme un assemblage fortuit d'éléments hétéroclites.

Le catalan roussillonnais lui-même se voit dénier toute validité par l'un des informateurs de l'enquête, un Andalou qui a vécu avant son arrivée en France au contact de catalanophones ruraux de la Cerdagne espagnole. Il considère le roussillonnais comme un catalan abâtardi, truffé de gallicismes qui ne font pas de lui une langue à part entière, aussi respectable que le français, le castillan ou même le catalan du Sud.

C'est là un cas extrême de dénigrement, mais il exprime, semble-t-il, tout haut le point de vue de nombre de ses congénères, car, si l'on peut à première vue diagnostiquer, comme nous l'avons fait, un conflit linguistique entre milieu récepteur et communauté immigrée espagnole, un examen plus attentif conduit à opérer une distinction entre les deux langues à la lutte sur le terrain de l'immigration.

6. La résolution du conflit.

6.1. Un conflit triangulaire.

Nous avons donc affaire à deux conflits distincts, celui, interne à l'Etat français, qui oppose la langue nationale à la langue vernaculaire ou minoritaire qu'est le catalan ; celui,

24. Par ex. « *aquí se habla mucho un poco de todo* » [ici on parle beaucoup un peu de tout].

résultant du phénomène migratoire, qui met aux prises la langue des immigrés à celles du théâtre de leur implantation, mais ils se trouvent tous deux néanmoins liés : il y a *conflit dans le conflit.* Comme dans toute triangulaire, s'instaure un jeu d'alliance objective de deux des partenaires au détriment du troisième, et en l'occurrence, le plus faible, le catalan, fera les frais de l'opération.

En effet, un certain nombre de traits communs pousse la communauté castillanophone à prendre le parti de la langue française aux dépens de la catalane. Tout d'abord, un contentieux, préexistant à l'immigration, en territoire espagnol. Les Catalans présentent aux yeux des autres populations de la nation espagnole le double inconvénient d'être riches et séparatistes. La volonté centrifuge de la Catalogne du Sud, constamment réaffirmée depuis plus d'un siècle, n'est pas du goût des populations non-périphériques de l'Etat et/ou dépourvues de *langue propre* : la richesse catalane doit impérativement profiter à l'ensemble du pays par un effet de redistribution[25].

Cette richesse tant convoitée a également induit des phénomènes migratoires subis par les populations des régions défavorisées de l'Espagne : les transferts de main d'oeuvre du Sud et du Sud-Est de la Péninsule vers Barcelone ont engendré

25. C'est en particulier ce qui est en jeu depuis 1993 dans les alliances politiques hispano-catalanes du Président de la Generalitat de Catalunya, Jordi Pujol.

la difficile coexistence sociolinguistique que connaît la métropole catalane depuis les années cinquante (cf. par exemple Vallverdú 1981), et les Espagnols du Roussillon qui ont parfois fait cette étape auparavant en conservent, pour la plupart, un ressentiment marqué envers la Catalogne et la langue catalane, qu'ils transposent outre-Pyrénées.

Par ailleurs, nous avons fait état de l'irrédentisme espagnol, qui valorise au plus haut point le castillan en tant que langue nationale. Or, la langue alternative, pour laquelle l'immigré consentirait à faire un accroc à cette fidélité, ne saurait être que de rang égal, c'est-à-dire de même *statut*, et le français l'emporte alors sans discussion face au catalan.

Mais la résolution de la partie conflictuelle triangulaire obéit également à des considérations diachroniques. On relève en effet une divergence de comportement et même d'attitude selon la date d'arrivée des immigrés. Les premiers pris en considération par l'enquête, venus en Roussillon dans les années cinquante, parfois dans les années soixante en milieu rural, font état d'une large *socialisation du catalan* à cette époque : le fait qu'ils s'y soient pliés ou refusés a alors constitué pour eux un facteur d'intégration ou de marginalisation sociale pertinent. En revanche, les derniers installés dans les Pyrénées-Orientales, au cours des années soixante-dix et *a fortiori* quatre-vingt, ont eu affaire à une société amplement *francisée*, dans laquelle le processus de substitution avait fortement progressé.

Face à un milieu catalanophone où la connaissance de la langue vernaculaire est un instrument de socialisation et à un milieu devenu progressivement francophone où le catalan a été marginalisé, l'immigré espagnol castillanophone ne pouvait réagir de la même manière. De plus, au fur et à mesure des progrès dans la substitution, le français lui apparaît de plus en plus nettement comme étant la langue de la *mobilité sociale* pour lui-même et surtout pour sa descendance, entre autres *via* l'institution scolaire.

En fait, l'immigré espagnol castillanophone ne considère pas simplement en spectateur le catalan comme langue vaincue dans sa confrontation au français : il pactise avec le vainqueur dans son dénigrement de la langue défaite. D'où la vindicte notée, en termes d'impureté et de bâtardise, ou son procès en suspicion envers la catalanophilie, fort différents de l'attitude volontiers militante de ses prédécesseurs, enfants d'immigrants espagnols catalanophones, que l'on retrouve souvent aujourd'hui à la tête d'organisations catalanistes.

6.2. Du conflit à la conflictualité.

Les informateurs de l'enquête qui évoquent la phase aiguë de conflit symbolisée par l'expression « Espagnol de merde » prennent bien soin, à chaque fois, de distinguer un « autrefois » d'« aujourd'hui », et cela n'est pas sans conséquence sur l'*analyse du conflit* et le *choix* même *du concept* adéquat qui a été évoquée plus haut, dans notre 3° partie. Le trait d'infâmie n'est plus en effet de mise quelque trente ans après, distance qui sépare en fait, chez ces témoins, la condition d'*immigrants* de celle d'*immigrés*.

A la massivité des arrivées du Sud espagnol a succédé un tarissement de l'immigration en provenance d'Espagne, et d'autres populations (Portugais, Algériens et Marocains) ont pris le relais des Espagnols en Catalogne du Nord. Mieux encore, la communauté espagnole a tendance à s'évanouir des tableaux statistiques, sous l'effet de plusieurs facteurs conjugués, liés au temps.

L'ancienneté de la migration et le non renouvellement de ses membres ont provoqué le vieillissement de la communauté espagnole des Pyrénées-Orientales, dont le solde naturel est fortement négatif (Lagarde 1996b : 35-41). L'acquisition de la nationalité française s'est elle aussi largement opérée, tant par naturalisation des adultes ou des enfants que par mariage avec les nationaux, si bien que la présence espagnole en Roussillon n'est pas aussi aisément statistiquement repérable qu'il n'y paraît (Calvo 1994). Le critère de nationalité est un indice trompeur, tandis que le critère générationnel n'offre pas davantage la lisibilité souhaitable[26]. Des recensements concordants évaluent à 20% la population d'origine espagnole, au sein de laquelle l'on peut tabler sur une répartition pour moitié entre origines catalanophone et castillanophone[27].

---

26. Le critère de « première génération » retenu pour la thèse, et correspondant au statut de *primo-arrivant* après la Deuxième guerre mondiale, a lui aussi ses limites.

27. Les évaluations de Lagarde et Calvo (cf. notes *supra*), effectuées l'une à micro-échelle (secteur scolaire d'Ille-sur-Tet, Pyrénées-Orientales), l'autre à l'échelle de la région Languedoc-Roussillon, concordent.

Le travail d'enquête effectué dans le cadre de ma thèse, corroboré par d'autres travaux, permet de conclure à la progressive intégration sociale des immigrés espagnols castillanophones en Roussillon, et au-delà en Languedoc-Roussillon. Il n'y a donc plus lieu de parler à l'heure actuelle à ce sujet de *conflit.* A compter de la deuxième génération, les marqueurs linguistiques — en premier lieu l'accent — ont disparu, et le seul indice d'hispanité qui demeure est celui de l'anthroponymie, quoique brouillé par la présence d'une communauté « pied-noir » oranaise, elle aussi issue du Sud-Est espagnol.

Cependant, un tel constat ne prend en compte que la face visible du problème. L'enquête, en *exacerbant* peut-être le souvenir, réveille tout de même les vieux démons du conflit vécu. Le conflit hispano-roussillonnais (en fait hispano-catalan) est bel et bien présent, à l'état de *latence*, chez tous ceux qui ont connu la condition de primo-arrivants, y compris des jeunes de moins de trente ans qui ont fait partie des dernières vagues d'immigrants. Il perdure néanmoins chez *les individus*[28], sans atteindre de manifestation groupale, ce qui tend à l'estomper.

Que l'on emploie l'expression de *potentiel conflictuel* avancée par Kremnitz, ou qu'on lui préfère celle de *conflictualité* suggérée ici, à la lumière du cas roussillonnais, il est certain que le *conflit linguistique* ne saurait être envisagé que dans sa seule phase aiguë. Si les membres de la première génération de castillanophones espagnols resteront à jamais marqués des

28. Il est donc dans le champ envisagé par Ninyoles (cf. *supra*, 3° partie).

stigmates de l'affrontement vécu, les *individus* de la deuxième, voire la troisième génération[29], ont diversement intériorisé cette *altérité* espagnole. Ainsi, le regain d'intérêt pour la tauromachie ou le *flamenco* sont des manifestations qui paraissent transcender, chez bon nombre de leurs adeptes, les phénomènes de mode ou l'exotisme à bon marché (cf. Saumade 1994). Certaines formes de conflit sont éventuellement susceptibles de réapparaître, ne serait-ce qu'à la faveur d'événements du quotidien, tels qu'une banale homélie (intelligemment) prononcée en version bilingue par un prêtre de village[30].

L'évolution même du conflit franco-catalan, du fait du regain d'activisme en Roussillon lié aux tentatives d'inversion du processus de substitution linguistique au Sud, prouve si besoin était que l'état de latence est toujours présent et que le conflit sous-jacent ne demande qu'à être réactivé. La polémique suscitée, par suite de l'absence de tracé frontalier sur la carte de l'annuaire 1996 du quotidien catalanophone barcelonais Avui, par la vive réaction du préfet des Pyrénées-Orientales en direc-

---

29. Sur le sentiment identitaire au fil des générations, cf. Labov (W.) « Les motivations sociales d'un changement phonétique », *Sociolinguistique*, Paris, Minuit, 1976.

30. Anecdote rapportée par une informatrice andalouse à l'occasion des obsèques de son mari à la fin des années quatre-vingt, à Millas (Pyrénées-Orientales). L'initiative avait suscité la réprobation d'un groupe de fidèles autochtones.

tion des collectivités locales du département, en est le témoignage le plus récent[31].

Le Roussillon offre donc deux exemples distincts des aléas d'un conflit linguistique au fil du temps, de même qu'il présente, à travers l'étude de l'immigration espagnole castillanophone, un parmi de nombreux exemples au monde, de la conjonction de deux conflits, l'un pesant sur le mode de résolution de l'autre en tant que *conflit dans le conflit.* Ainsi, il convient à mon sens de dépasser la notion statique et purement descriptive de *contact des langues* ou de *langues en contact* au bénéfice du concept de *conflit linguistique*, et de choisir, soit d'appliquer celui-ci à tous les cas de figure possibles, soit d'en réserver l'usage aux seules phases aiguës, en l'assortissant de notions telles que *potentiel conflictuel* ou de *conflictualité* pour les phases de latence qui ne font en réalité qu'encadrer, telles des pointillés, les affrontements avérés.

Bibliographie :

Aracil Ll.V. (1965), « Conflit linguistique et normalisation linguistique dans l''Europe moderne », Nancy, Centre Européen des Langues.

Aracil Ll.V. (1982), *Papers de sociolingüistica*, Barcelona, La Magrana.

---

31. cf. *supra*, note 7. Le préfet rappelle en particulier les maires à leurs devoirs en matière de respect de la légalité concernant l'usage exclusif de la langue française par l'Administration, tandis que les milieux catalanistes réagissent vigoureusement, de part et d'autre des Pyrénées.

Bennassar B. (1995), *Franco*, Paris, Perrin.

Bernardo D. (1988), « Le catalan. La problématique nord-catalane », in Vermes G.

Bernardo D. et Rieu B. (1973), « Conflit linguistique et revendication culturelle en Catalogne-Nord », *Les temps modernes*, 324-325-326, août-sept. 1973.

Bernardo D. et Rieu B. (1977), Diglossia a Catalunya Nord, *Treballs de sociolingüistica catalana*, 1.

Bertrand J.R. (1979), « Bilan de l'émigration espagnole », *Revue Géographique des Pyrénées et du Sud-Ouest.*

Calvo M. (1994), « Que nous apprennent les statistiques concernant les Espagnols en Languedoc-Roussillon ? », in *Actes du Colloque « L'intégration des Espagnols... »*

Camps Ch. (1991), *Dictionnaire du français régional du Roussillon*, Paris, Bonneton.

- coll. (1979), II° Congrès de Cultura Catalana, Barcelona.

- coll. (1991), *Exil politique et migration économique*, Paris, C.N.R.S.

- coll. (1994), *Actes du Colloque « L'intégration des Espagnols et l'identité hispanique en Languedoc-Roussillon »*, Montpellier, O.D.A.C. de l'Hérault.

Costa G. (1974), « Un exemple d'interdépendance de faits démographiques et linguistiques en Roussillon » in *Atti XIV Congresso de linguistica e filologia romanza*, Napoli, 15-20 aprile 1974.

Costa G. (1986), *Atlas linguistique « Sacaze » des confins catalano-languedociens*, Saint-Estève, Société des profeseurs de catalan.

Delibes M. (1979), *Castilla, lo castellano y los castellanos*, Barcelona, Planeta.

Dreyfus-Armand G. et Temime E. (1995), « Les camps sur la plage, un exil espagnol », *Autrement*, hors-série 88, mai 1995.

Gardès-Madray F. et Bres J. (1987), « Conflits de nomination en situation diglossique » in Vermes G., Boutet J.

Guiter H. (1966), *Atlas linguistique des Pyrénées-Orientales*, Paris, C.N.R.S.

Guiter H. (1972), « Aux frontières de l'ibéro-roman et du gallo-roman », *Bulletin philologique et linguistique.*

Isern M.A. (1972), *L'évolution de l'immigration catalane en Roussillon depuis le XIX° siècle*, Mémoire de maîtrise, Université Paul-Valéry, Montpellier.

Kremnitz G. (1991), « Y a-t-il des diglossies neutres? », *Lengas*, 30.

Kremnitz G. (1993), *Multilingüisme social,* Barcelona, Edicions 62.

Labov W. (1976), « Les motivations sociales d'un changement phonétique » in *Sociolinguistique*, Paris, Minuit.

Lagarde Ch. (1993), *Les immigrés espagnols castillanophones de première génération en Roussillon : pratiques et représentations diglossiques sur fond de conflit linguistique*, Thèse de doctorat, Université de Perpignan.

Lagarde Ch. (1996a), *Le parler « melandjao » des immigrés de langue espagnole en Roussillon*, Perpignan, Presses Universitaires de Perpignan.

Lagarde Ch. (1996b), *Conflits de langues, conflits de groupes. Les immigrés espagnols du Roussillon*, Paris, L'Harmattan.

Laurans M. (1994), « L'hispanité au quotidien : les Espagnols de Capestang », in *Actes du Colloque « L'intégration des Espagnols... »*.

Marley D. (1995), *Parler catalan à Perpignan*, Paris, L'Harmattan.

Milza P. et Peschanski D. dir. (1994), *Exils et migration. Italiens et Espagnols en France (1938-1946)*, Paris, L'Harmattan.

Ninyoles R.Ll. (1969), *Conflicte lingüistic valencià*, València, Tres i Quatre.

Ninyoles R.Ll. (1972), *Idioma y poder social*, Madrid, Tecnos.

Pike D.W. (1975), *Les Français et la guerre d'Espagne*, Paris, P.U.F.

Rubio J. (1974), *La emigración española a Francia*, Barcelona, Ariel.

Saumade F. (1994), « L'hispanité en Languedoc et Provence ou l'image de l'autre » in *Actes du Colloque « L'intégration des Espagnols... »*.

Taboada-Leonetti I. (1988), « L'espagnol. Langue nationale de référence » in Vermes G.

Taillefer F. dir. (1974), *Les Pyrénées, de la montagne à l'homme*, Toulouse, Privat.

Terracini B. (1957), *Conflitti di lingue e di cultura*, Venezia, Nei Pozza.

Vallverdú F. (1979), *Dues llengues : dues funcions?*, Barcelona, Edicions 62.

Vallverdú F. (1980), *Aproximaciò critica a la sociolingüistica catalana*, Barcelona, Edicions 62.

Vallverdú F. (1981), *El conflicto lingüístico en Cataluña : historia y presente*, Barcelona, Peninsula.

Verdaguer P. (1974), *El català al Rossellò. Gal.licismes, occitanismes, rossellonismes*, Barcelona, Barcino.

Verdaguer P. (1987), « Historia de la llengua catalana a la Catalunya del Nord », *Sant Joan i barres*, 97-98-99.

Vermes G. dir. (1988), *Vingt-cinq communautés linguistiques de la France,* Paris, L'Harmattan.

Vermes G. et Boutet J. dir. (1987), *France, pays multilingue*, Paris, L'Harmattan.

Wanner A. (1993), « Une enquête sociolinguistique comparative à Salses (Pyrénées-Orientales) et Sigean (Aude) », *Lengas*, 33.

Weinreich U. (1968), *Languages in contact.Findings and problems*, Paris/LaHaye, Mouton.

Pierre MARTINEZ*

SYSTEMES ET MEDIATIONS DES DYNAMIQUES LINGUISTIQUES.
Des « casques bleus » dans une « guerre des langues » ?

L'hypothèse de départ est que les dynamiques linguistiques ne se traduisent pas forcément en conflits et que les situations observables doivent être interprétées plus largement, en dehors de schèmes « polémolinguistiques » que démentirait la validation empirique. Une étude de cas, réalisée aux Antilles, permet ainsi de voir comment les tensions sont les signes du malaise social, mais contribuent à l'expression d'une demande de régulation. Un tel constat amène à resituer le rôle des sociolinguistes, acteurs parmi d'autres de la transformation sociale.

* Université d'Orléans et Inalco, Paris

1. Problématique.

1.1. Une comparaison servira de préambule à ce texte. Le lecteur en verra sans doute la pertinence, même s'il lui trouve des limites : aucune comparaison n'est, bien entendu, raison. L'actualité a familiarisé notre époque avec une forme d'intervention collective qui consiste à envoyer des troupes multinationales, des « casques bleus », à travers le monde, et souvent non pour rétablir la paix, mais comme force d'interposition, pour éviter la guerre. Ce type d'action résonne comme en alternative à la célèbre phrase de Clausewitz, « la guerre est la continuation de la politique par d'autres moyens ». De même faudrait-il, peut-être, nuancer l'idée selon laquelle tout « conflit » linguistique est assimilable à une guerre déclarée, et examiner si le terme de *tensions linguistiques régulatrices* n'est pas, dans la très grande majorité des cas, plus approprié.

Dans beaucoup de configurations plurilingues, en effet, la situation n'est pas si paroxystique et la (re)médiation reste possible. Le temps en est généralement donné : dans le cas des langues dites « régionales », en France, l'évolution s'observe sur des décennies, voire un ou deux siècles. Ailleurs le conflit humain laisse largement à l'écart la question des langues : il est territorial, ethnique, économique, démographique et il ne passe pas ou guère par l'opposition linguistique, les groupes entrés en conflit ayant en commun une langue ou des systèmes voisins. L'irrédentisme n'est pas, au départ, linguistique (*Italia irredenta*, non achetée, 1870). Dans d'autres cas, la question des langues n'est même pas posée : ainsi la langue japonaise n'est-elle nullement le vecteur de l'expansionnisme économique et culturel nippon, tandis que ses technologies sont autant de produits symboliques forts. Ou encore, si l'on observe les choses sur le long terme, ce n'est pas le déclin de la puissance coloniale française qui détermine la position du français dans le monde, mais tout autant, au cas par cas, l'attachement à des valeurs et les besoins de communication internes à chaque pays ou liés aux échanges économiques et institutionnels (ONU, OUA, etc.) En d'autres termes, si le double postulat « la guerre des langues n'est jamais que l'aspect linguistique d'une guerre plus vaste » (Calvet 1987:182) implique a) qu'il y a guerre des langues b) que cette guerre est une partie d'une guerre plus vaste, ce postulat est inattaquable, mais ne peut être tenu comme ayant une validité générale.

Il me semble, par conséquent, qu'il faudrait raisonner autrement : l'image du « conflit » linguistique a été excessivement mise en avant et cette image procède souvent d'une extension abusive à des situations qui n'en relèvent pas.

1.2. Il faut bien voir dans quel contexte et quelles conditions la théorie qu'on peut appeler dominante a pris son extension : le développement de modèles et de méthodes qu'enrichissaient la psychologie, la sociologie, l'anthropologie, l'histoire, portées à creuser les fractures, travaillant sur des oppositions fondatrices de la notion de valeur; une conception nouvelle de la linguistique, plus large et ne se satisfaisant plus du coup de force inaugural saussurien, par là-même prompte à accentuer une idée du mouvement qui naît de la violence « accoucheuse » ; les luttes sociales et anticoloniales de ce siècle baignant dans l'affrontement idéologique que l'on connaît ; l'éternel débat, enfin, sur le sens de l'Histoire, la difficulté de parvenir à des syncrétismes et la nécessité d'organiser la défense pour la survie de « périphéries » contre des forces politiques et idéologiques centripètes perçues comme menaçantes pour les minorités et les différences.

La radicalisation de la conception du *Sprachkontakt* en un *Sprachkonflikt* a, bien sûr, été illustrée de la manière la plus brillante et la mieux étayée par des spécialistes tels que L.J. Calvet et son équipe de recherche. Il n'est pas sûr que la réception de l'un de ses ouvrages — le titre claquait comme un drapeau, c'était « La guerre des langues et les politiques linguistiques » — n'ait excédé la pensée rigoureuse de l'auteur et qu'il ne soit apparu comme le signe d'un embrasement généralisé, du moins celui de la (petite) planète sociolinguistique.

Il est même assez surprenant de constater que le retour actuel à une certaine histoire événementielle fait naître ou entretient d'autres illusions : celles, par exemple, qu'une langue comme le français n'a pu trouver sa place qu'à travers les luttes de l'Histoire de France. On ne parlerait ainsi même plus de langues qui se font la guerre, mais de langues qui épousent l'histoire des guerres proprement dites. Les processus sont évidemment bien plus complexes et il serait dommage que le grand public (auquel s'adressent des livres et des émissions de télévision) s'imagine que princes, victoires militaires, décrets et traités déterminent, si schématiquement, les pratiques des peuples. La notion de guerre des langues, déformée, fait même le lit d'une francophonie où le français incarnerait les valeurs les plus hautes — droits de l'homme, droit à la différence — et s'en arrogerait l'exclusivité. Autrement dit, il y aurait une « juste » guerre du français contre les adversaires qu'on imagine (et il n'est point besoin de nommer le premier d'entre eux).

Les analyses que j'appelle polémolinguistiques portent sur des terrains fort divers, comme s'il y avait une fatalité du conflit qui pèse sur la rencontre linguistique. Brigitte Schlieben-Lange a tenté de les expliquer, pour ce qui est, du moins, de la sociolinguistique de langue allemande (in Cadiot, Dittmar, éd. 1989). Elle s'est demandé d'où venaient l'intérêt que manifestent les spécialistes d'Outre-Rhin à l'égard des langues minorées, des « nations manquées et, par là-même, innocentes » et leur croyance en une véritable mission d'intervention sociale. Schlieben-Lange résume d'un trait acéré : « C'est une histoire de projections et de traumatismes, voire même d'expiation » (1989 : 250). Il reste, sans aucun doute, exclu de généraliser une étiologie qui ne fera peut-être pas l'unanimité, mais on suppose qu'elle doit bien se rencontrer ailleurs.

Il n'en existe pas moins d'autres approches et manières de voir. En 1991, déjà, quand Henri Boyer distingue des écoles différentes, occitaniste(s) *versus* suisse, par exemple, il avance — et on appréciera sa formulation modérée — qu'il lui « semble que ce modèle (*i.e.* suisse) tend à traiter le contact des langues sous l'angle d'une coexistence pacifique ». Mais le constat actuel dessine bien un relatif monolithisme de la pensée sociolinguistique sur la question des contacts de langues, et pour beaucoup des aires concernées.

Il faut retenir, à mon avis, la thèse de Norbert Dittmar (Cadiot P., Dittmar N. éd. 1989 : 25), selon laquelle notre entendement sur la question sociolinguistique en général est victime d'une double carence : il n'y a pas pour l'instant de théorie linguistique universelle ni de théorie du social qui fassent l'unanimité. Et comme Dittmar, je crois — si nous voulons réellement avancer sur le plan épistémologique — qu'il y a des étapes qui sont « les éléments de base nécessaires à l'élaboration d'une théorie sociolinguistique » et qu'on les a peut-être un peu facilement oubliées pour aller tout de suite aux conclusions, parce qu'on n'a pas voulu ou su adopter une approche intégrative. D'où le programme suivant :

1. Reconstruction (réévaluation) des méthodes et des travaux effectués en sociolinguistique dans le cadre de la sociologie théorique et de la linguistique théorique.

2. Evaluation des concepts existants sous l'angle de leur adéquation descriptive et explicative.

3. Examen critique des connaissances acquises, avec pour perspective de les formuler sous forme d'énoncés théorisables.

4. Présentation sous forme d'esquisse des fondements et des paramètres qui guident les usages linguistiques Cette esquisse doit se conformer aux principes suivants :

(i) orientation interdisciplinaire; (ii) intégration des données systémiques et des données interactionnelles; (iii) synthèse constructive des niveaux micro et macro, autant pour la description que pour l'explication.

Le présent texte est, comme on le voit, l'occasion de reprendre et d'analyser certaines des thèses qui ont été avancées ailleurs, mais surtout de proposer modestement un contre-exemple (*exemplum*, non modèle) et d'interpréter des éléments d'analyse. Pour cela sera mise à contribution une étude de cas effectuée aux Antilles. C'est manière de dire dans quelle mesure, à mon sens, certaines réalités peuvent amener à des hypothèses qui ne relèvent ni d'un irénisme aveugle ni d'une polémolinguistique systématique. Et ce faisant, comment ne pas voir qu'on interroge le rôle de la sociolinguistique et des sociolinguistes, acteurs objectifs de la transformation sociale, dans les situations de tension linguistique ? Après ce regard *problématique* jeté sur le champ des langues en contact, le mouvement du texte retracera la manière dont se fait le contact des langues dans une situation observée (*exposé*) et évoquera les interventions imaginables (*implications*).

2. Exposé. Des faits aux interprétations.

2.1. Il m'a été donné de faire connaître, à la suite d'une recherche menée entre 1983 et 1987 et complétée par des enquêtes documentaires et des entretiens (1990, 1993 et, en Guadeloupe, 1995), une situation de plurilinguisme qui n'avait pas encore été étudiée. J'en présenterai ici les grandes lignes. (Beaucoup de lecteurs devront me pardonner la sécheresse de cet exposé, d'autres déploreront d'avoir à subir encore ce qui est la substance d'autres de mes travaux - voir en particulier : Martinez 1994).

Le cas de l'île de Saint-Martin, située à 200 kilomètres au nord de la Guadeloupe, se distingue nettement de celui des terres franco-créolophones, telles que la Guadeloupe, la Martinique, Haïti, etc., souvent mieux connues. On y observe notamment une double appartenance politique, l'île étant partagée depuis 1648 entre la France et les Pays-Bas. Cette situation donne le statut de langues officielles au néerlandais (zone de Philipsburg, Sint Maarten dans ce texte) et au français (zone de Marigot).

La zone placée sous autorité française fait partie de la région et du département de la Guadeloupe. La vie sociale y voit coexister des pratiques langagières en français, en anglais standard et dans une variété vernaculaire d'anglais caraïbéen, plus d'autres langues, créoles et espagnol, pour l'essentiel.

Le français occupe les aires d'emploi suivantes : l'administration, l'enseignement, une partie des médias. Il joue aussi une rôle de vernaculaire pour une communauté francophone en général allogène (France, Guadeloupe). En termes de politique linguistique et précisément d'éducation, le français, qui est langue seconde pour de nombreux élèves, est la seule langue d'alphabétisation et d'instrumentalisation commune pendant la période préscolaire et primaire. Formellement, les régularités de niveau global faisant écart y sont peu marquées. Sur le plan phonologique, des productions transparentes, des chevauchements (on trouvera ci-dessous : *table* prononcé comme en anglais, etc.) Pour le lexique, on fait état de *realia* (plantes, animaux), d'approximations sémantiques, de faux-amis, mais rien de systématique n'apparaît : les écarts ne sont ni autonomes, ni socialisés. La morpho-syntaxe fait apparaître peu de transformations (changement de catégorie grammaticale, construction). On peut renvoyer ces marques à la variation personnelle, voire à un système transitoire d'apprenant, mais on ne saurait encore parler d'un français local ou régional, qui serait bien moins attesté que, par exemple, en Guadeloupe (Martinez 1994 : 80).

L'anglais standard (*i. e.* plutôt nord-américain que britannique) est employé d'abord dans le tourisme, le commerce, la plupart des médias. Il voit son apprentissage différé jusqu'au collège et il reste un mode d'appropriation du savoir inemployé et inemployable jusqu'à l'adolescence.

L'anglais local est le parler vernaculaire de la population de souche, qui ne représente actuellement que 7000 individus sur (environ) 30000 en partie française. Cet anglais est aussi parlé dans la zone hollandaise et dans les contacts interinsulaires proches (Anguilla, etc.) Il n'est ni enseigné, ni même pris en compte par l'institution scolaire, pour ceux — nombreux dans les classes — dont il est la langue maternelle, sauf initiative personnelle de l'enseignant. Pour fixer les idées, on indiquera que cette variété se distingue du standard par de nombreux écarts. Ainsi, sur le plan de la phonologie et de la morphologie : *yo'n'work (you don't work), you's a traitor (you're), I does eat (I eat,* emphatique), le possessif : *me fish (my fish)*, la négation explétive : *alayo'n'wan'no fish*, la marque assez systématique du pluriel en -s (*fishermens*). (Martinez 1994 : 97)

Mais la situation n'est en rien figée. Au fil des années et sous l'effet d'un développement touristique, certes tardif mais considérable, de la zone française, une immigration intrarégionale (caraïbéenne) et extrarégionale (Europe, Amérique du Nord) s'est produite. Plusieurs phénomènes sont apparus alors.

Dès 1987, le français était devenu la langue maternelle pour un enfant sur quatre et cette proportion est allée en augmentation constante. Il peut arriver que l'anglais vernaculaire soit appris comme langue seconde en milieu naturel (club de jeunes, cour de récréation, entreprise...) L'anglais standard est langue seconde pour certains locuteurs du français. Cet apprentissage et des pratiques quotidiennes peuvent survenir pour différentes raisons : études aux Etats-Unis, profession, intégration sociale, etc. Le processus d'acquisition prend donc diverses formes, en particulier mixtes, guidées et non guidées. Inversement il existe toujours des unilingues, en français comme en anglais.

On note enfin une montée en puissance de l'espagnol, de quelques parlers asiatiques et des créoles, dont la présence est liée à l'immigration économique ou politique, en raison des échanges avec la Guadeloupe et la zone hollandaise ou en fonction de la situation en Haïti. Cependant, il n'existe pas de créole indigène. J'ai eu ailleurs l'occasion de montrer quelles causes linguistiques, économiques et historiques pouvaient expliquer ce phénomène (Martinez 1994 : 105).

Mais le plus important est sans doute qu'on peut mettre en évidence, pour la période contemporaine, un *équilibre des pôles linguistiques en présence.* Ce qui apparaît à la suite de l'enquête lourde et d'une analyse poussée des facteurs d'expansion linguistique, menées sur une période de plus d'une dizaine d'années, c'est qu'on a affaire à une sorte de neutralisation sociolinguistique : toute une série de facteurs affecte les forces susceptibles de créer un déséquilibre entre le français et l'anglais.

Le tableau suivant montre comment anglais (A) et français (F) se font pièce.

LES FACTEURS D'EQUILIBRE SOCIOLINGUISTIQUE A SAINT-MARTIN

(Sont donnés en regard, (A) anglais et (F) français.)

Facteurs géographiques :

A. Environnement anglophone, porosité du milieu insulaire caraïbéen.

F. Proximité de la Guadeloupe, de Saint-Barthélémy et Haïti.

Facteurs économiques :

A. Rôle du dollar dans la zone, tourisme et commerce avec le Caricom et les Etats-Unis.

F. Liens budgétaires, investissements, commerce avec la France, la Guadeloupe, la CEE.

Facteurs politiques :

A. Relations avec les pays de la zone indépendants ou autonomes (par exemple Sint Maarten, qui est membre de la Fédération des Indes Néerlandaises).

F. Institutions et statut politique, langue officielle.

Facteurs religieux :

A. Eglises réformées, sectes.

F. Eglise catholique.

Prestige historique :

A. Les Etats-Unis comme « grand voisin », poids militaire, accès à la technologie.

F. Image de la France, tradition littéraire et culturelle, histoire commune.

Facteurs urbains et démographiques :

A. Résidents anglophones, immigration, quartiers proches de Sint Maarten (la frontière est théorique).

F. Poids de l'agglomération centrale, Marigot, et renforcement du groupe francophone ou franco-créolophone.

Facteurs linguistiques :

A. Vernaculaire proche, système le plus répandu, réputé simple (?), logistique médiatique efficace.

F. Aspects affectifs (amour de la « belle langue »), rôle de l'école, créoles proches.

Mais il faut aussi distinguer entre anglais standard et vernaculaire et déterminer comment ce dernier s'insère dans le dispositif : le vernaculaire « joue » constamment avec les langues qui pourraient l'emporter dans le champ, en s'appuyant tour à tour sur la présence de l'une ou de l'autre. Ainsi l'anglais a-t-il exercé une fonction de contre-poids face à la minoration que le français aurait pu tenter de faire subir au vernaculaire. Ainsi le français, ne laissant, à l'école, presque aucune place à l'anglais standard, gêne-t-il une normalisation que le vernaculaire (non-écrit, rappelons-le) pourrait éprouver de la part de l'anglais standard, etc. Un Saint-Martinois est donc fort bien un « Anglais » et un « Français » à la fois, au sens caraïbéen où ces mots désignent un habitant des îles que l'Histoire a faites anglaises ou françaises.

2.2. Ainsi a-t-on affaire à un enchâssement (Calvet 1987) où se manifeste un équilibre entre les éléments de ce que j'appelle *triade sociolinguistique*. Toutes proportions gardées, peut-être pourrait-on comparer cette situation à celle que décrit Pierre Vérin à l'île Maurice : « Le Mauricien s'accommode fort bien des aspects polyglottes de sa culture, s'estimant heureux d'être au confluent des influences francophones, anglophones et indiennes, sans toutefois se rendre compte que l'équilibre est fragile et la situation est susceptible de se modifier ». A Saint-Martin, on peut craindre que l'équilibre ne se rompe à tout moment si une politique linguistique résolue n'est pas mise en œuvre. J'y reviendrai plus loin.

Il n'existe, à vrai dire, guère de signes objectifs que la revendication identitaire passe par une affirmation violente d'identité linguistique. La question linguistique s'inscrit tout de même bien dans l'ensemble du champ identitaire, mais elle n'a jamais été le vecteur, ni l'origine du conflit identitaire, à la différence de ce qui s'est parfois passé dans les Antilles franco-créolophones (Prudent 1980). Le principe de son importance lui-même est clairement affirmé, par exemple dans le Projet de statut particulier pour Saint-Martin, élaboré par des citoyens en 1992 :

> Sur le plan culturel, le projet revendique le droit à la différence et à la reconnaissance d'une personnalité saint-martinoise. Nous considérons notre langue maternelle comme une marque précieuse de notre identité. Elle doit être intégrée dans nos services afin de favoriser la communication entre les administrés et l'Administration.(p. 89) (...) Saint-Martin veut réussir sa vocation de société multi-culturelle, multi-ethnique, multilingue (ibidem, p. 92).

Peu d'exemples de revendication agressive ont été recueillis, pendant toutes les années qu'a duré l'observation de cette société insulaire. C'est l'inégalité des places accordées aux deux langues qui, à ma connaissance, apparaît le plus souvent comme sujet de mécontentement. Il s'agit d'abord d'une prise de position individuelle exprimée dans un article de presse. Elle émane d'un professeur d'anglais qui proteste contre l'emploi excessif de non-anglophones dans l'enseignement à Saint-Martin. En d'autres termes le problème est posé comme touchant aux débouchés professionnels (même s'il a toujours été difficile, voire impossible de recruter de jeunes diplômés saint-martinois dans certaines disciplines, étant donné l'attrait des carrières envisageables par ailleurs dans le secteur privé). Il faut signaler que les réunions du conseil municipal se déroulent majoritairement en vernaculaire et que le sermon est dit, à l'église, un dimanche en français, l'autre en anglais...

Le document de référence reste cependant le projet de statut évoqué ci-dessus et qui était intitulé « Saint-Martin, ses spécificités, ses réalités, son avenir ». Les auteurs y partaient d'un constat : *« L'anglais est la langue de communication par excellence sur toute l'île »*, lit-on dans ce document qui appelle à *« définir une vraie politique de la formation afin de permettre aux jeunes de se former à la fois dans le monde francophone et le monde anglophone »*. Car il s'agit aussi d'un constat de carence : *« Imposer à une population une langue qui n'est pas conforme à sa réalité culturelle ne peut que se traduire par la catastrophe sur le plan professionnel et social. A titre d'exemple nous pouvons souligner :*

- Un taux d'échec scolaire déplorable ;

- Un niveau de qualification très bas ;

- Une faible acquisition de culture générale ;

- Une exclusion impitoyable de nos jeunes des services administratifs et de la vie économique, d'une manière générale ».

Et les auteurs finissent par exprimer leur sentiment profond : *« Cette présence manifeste* (celle des « métropolitains », *ibidem*, p. 88) *laisse aux autochtones l'impression d'une colonisation de Saint-Martin* ».

La lecture de ce texte fait apparaître, à l'évidence, une prise de position et des contradictions. La prise de position découle d'une légitimité du groupe autochtone, établie comme supérieure à celle des groupes allogènes plus nombreux. Elle amène à une demande de correction sociale, éventuellement une *« affirmative action »* en faveur des Saint-Martinois de souche en particulier face au groupe francophone. Les contradictions consistent, par exemple, à désigner l'anglais comme langue de communication par excellence et à évoquer son élimination de la vie économique. Il n'est pas non plus très exact de faire porter le taux d'échec scolaire sur le seul facteur linguistique, car bien d'autres sont au moins aussi importants : on en trouverait deux exemples remarquables dans l'absence d'environnement médiatique écrit, du moins jusqu'à la période récente, ou dans le fréquent manque de formation du corps enseignant.

On observera encore que l'assimilation de l'anglais vernaculaire à l'anglais standard est faite comme allant de soi, ceci confirmant une des caractéristiques de l'équilibre triadique : le vernaculaire « jouant » du standard contre le français.

Mais toutes les observations n'ont de sens que si l'on réfléchit à la place du sujet singulier dans une telle problématique sociologique. Il faut absolument « faire la synthèse entre les composantes sociologique, cognitive et langagière » de la production (Bautier 1995) et faire aussi la part des pratiques elles-mêmes et des discours sur ces pratiques.

2.3. Sur les représentations des langues et (de) leur statut. Si on a mentionné quelquefois le caractère « dialogique », voire « polyphonique » des représentations sociales, en sous-entendant assurément que celles-ci peuvent être conflictuelles (par exemple, Boyer 1991 : 49), il se confirme que la situation saint-martinoise appelle plus de réserve. Ce sont les résultats de l'enquête menée entre 1985 et 1987 que j'ai réexaminés quelques années plus tard et, par commodité, je devrai me contenter d'en donner de brèves conclusions. (Martinez 1994 : 166).

a) A propos du français :

Globalement, quand les différents groupes marquent leur sentiment vis-à-vis de la langue officielle, à statut dominant, ils insistent sur :

- La nécessité de sa présence, puisque, jusqu'à nouvel ordre, le statut politique de Saint-Martin n'a pas été remis en question (même si de nombreuses et périodiques discussions ont lieu sur le sujet).

- L'existence d'une communauté francophone qui justifie la pérennité du français, de même que l'existence des autres communautés justifie la circulation sociale des créoles, de l'espagnol, etc.

- L'importance réelle du français comme langue véhiculaire et aussi comme langue de prestige (à la différence du néerlandais pour Sint Maarten).

b) A propos du vernaculaire :

Les locuteurs du vernaculaire le considèrent bien comme une variété - ils n'utilisent évidemment pas ce terme - de l'anglais des îles. Ils n'hésitent pas à parler de son caractère relâché et utilisent l'expression « *Broken English* », mais ils évoquent aussi son inscription dans un *continuum* de l'anglais. Ils ne le désignent que rarement comme un patois, jamais comme un créole. Le vernaculaire serait, selon eux, perfectible, au prix d'un enseignement officiel que l'école pourrait ou devrait assurer, et d'une attention plus grande aux pratiques de chacun.

c) A propos de l'anglais standard :

Les modèles du standard — qui est très présent dans la pratique sociale et, en particulier, commerciale — sont légitimés par l'existence de locuteurs allogènes, touristes ou résidents, et l'emploi qu'en font la plupart des locuteurs. Le rôle des médias est très important à cet égard : vu l'inexistence de taxes douanières à Saint-Martin, l'île est suréquipée en matériel. On a vu plus haut quels facteurs d'expansion linguistique, spécialement de type géopolitique, accroissent le prestige de l'anglais.

Le fonctionnement des codes en présence est d'une extrême souplesse. On ne voudrait pas donner ici une vision idéalisée d'une réalité complexe, mais dire que bien des exemples de cette fluidité peuvent être apportés : ils ont été recueillis tant dans les administrations et à la poste, sur le marché ou chez le médecin, qu'autour des terrains de sport ou à l'école (Martinez 1994, *passim*).

Ayant, à plusieurs reprises, analysé et interprété des corpus interactionnels, dans des milieux variés (voir, par exemple, « *Say no to Customs* », Grenoble 1991), j'ai pu ainsi affiner mes hypothèses sur l'image sociale des locuteurs, leurs pratiques face à une tâche imposée, la place de l'individuel et du construit social, les enjeux de l'échange. Les stratégies conversationnelles tiennent, évidemment, en partie au peu de moyens linguistiques disponibles et l'insécurité des locuteurs est une constante, comme généralement en situation plurilingue. Mais j'en suis venu à la conclusion que la situation exolingue, étant, comme on l'a souvent relevé (Kerbrat et autres), un miroir grossissant des phénomènes d'interaction, peut aussi amener à exagérer ces phénomènes : elle ne permet pas seulement de mieux mettre en lumière ce qui se passe, elle fait qu'on attribue une importance excessive aux phénomènes éclairés. En bref, elle risque de donner l'illusion du conflit là où ne règne que le malentendu inhérent à toute interaction.

La fluidité du fonctionnement linguistique se retrouve dans les modifications structurelles et formelles observables : les emprunts, souvent phono-stylistiques (interjections, prosodie) et manifestant peut-être le plaisir de jouer avec un répertoire verbal ; les alternances codiques où apparaîssent les signes « d'une appartenance à une même communauté bilingue et biculturelle » (Lüdi et Py 1986); l'émergence, dans la période la plus récente, d'un français non pas encore local ou régional, mais marqué par l'anglais et les créoles, et littéralement celle d'un français « jeune » qui fait figure de parler commun avec la scolarisation croissante.

Ce qu'il faut souligner chez les adultes, c'est le faible taux de véhicularité des langues dans ce type de population. Sur cent personnes interrogées, une trentaine disent employer seulement l'anglais, une quinzaine seulement le français, quinze les deux langues concurremment, dix une combinaison différente incluant les créoles ou l'espagnol, tandis que vingt-cinq ne répondent pas. L'observation *in situ* confirme l'évitement massif de la (des) langues(s) qu'on maîtrise mal. On pourrait imaginer que l'on s'achemine vers un fractionnement limite du corps social, avec des aires d'emploi spécialisées, car il existe de grandes possibilités d'autarcie (au marché, dans les commerces, au travail, etc.). Mais tout pourrait changer avec une véritable éducation au multilinguisme, dont, visiblement, les jeunes feraient bien leur affaire : l'école reste l'élément-clef du dispositif linguistique, et on peut regretter alors qu'elle ne soit pas ce « *laboratoire de multiculturalisme* » (P.Y. Sanguin) et de multilinguisme dont a besoin Saint-Martin. (voir Martinez 1994 : 174).

2.4. Des tensions à la refondation du système : Il ne s'agit donc pas d'une « diglossie harmonieuse », mais d'une situation qu'il fallait décrire dans sa spécificité structurelle. Le relatif équilibre des trois pôles interdit l'hypothèse d'une réduction de la configuration, du moins à court terme. Sans en faire un exposé détaillé qui n'aurait pas sa place dans ce texte, on peut estimer qu'une cause de cet équilibre réside encore dans des facteurs extra-linguistiques, dont les uns tiennent au mode de colonisation qu'a connu l'île, les autres à l'ethnoculture saint-martinoise elle-même.

D'une part, Saint-Martin a longtemps été considérée comme située sur la marge guadeloupéenne et elle a été passablement délaissée par la puissance publique, à cause de son caractère exotique, celui d'une terre située dans la zone d'influence des Etats-Unis, loin de Paris et même de Basse-Terre à l'époque des transports maritimes. Elle a vécu longtemps dans un état de sous-administration et de sous-scolarisation et le français y a donc moins qu'ailleurs cherché à évincer le vernaculaire. (On se demande d'ailleurs s'il le pouvait vraiment.)

D'autre part, il existe sur l'île un indéniable esprit de tolérance et d'acceptation d'autrui qui est un élément constitutif de la situation. Cet esprit n'est évidemment pas né *ex nihilo*. A la différence d'autres îles de la Caraïbe, Saint-Martin a toujours été ouverte à toute forme de métissage ethnique, au fil d'une histoire politique et économique vécue comme une progressive construction.

En résumé, depuis quatre siècles, la société saint-martinoise s'est faite de strates qui s'accumulent, et de sédimentations plus que de renoncements. Elle doit trop à la lente mise en place de constituants économiques, migratoires ou symboliques pour ne pas chercher, autant que faire se peut, à intégrer les nouveaux apports plutôt qu'à les combattre.

Cela n'empêche en rien de sentir la fragilité de l'édifice et n'interdit pas de se poser des questions sur l'avenir. La configuration peut-elle se maintenir longtemps ainsi ? Quels sont les éléments à prendre en compte pour en évaluer la dynamique ?

Ils sont de plusieurs ordres : la mono-économie actuelle qui est touristique, est soumise à une conjoncture fluctuante, comme celle du cours du dollar dont la libre circulation est autorisée sur ce territoire français depuis 1973. Il faut prendre en compte aussi la géopolitique caraïbéenne (Cuba, Haïti...) qui n'est pas sans incidence sur la circulation des personnes et des valeurs culturelles. S'y ajoutent même les aléas climatiques ou les occasions qu'ils fournissent : la période qui a suivi le cyclone de 1995 a vu l'expulsion d'une partie des immigrés, clandestins ou non, et désormais indésirables.

L'attitude du pouvoir central sera déterminante : la départementalisation, puis la régionalisation ont eu un effet de resserrement centre/périphérie sur une île dont on a dit plus haut qu'elle avait longtemps été sous-administrée. On peut avancer que l'aggravation de la situation ne ferait guère que découler de l'absence, non même de politique linguistique, mais de clairvoyance sur cette situation. Plus d'intérêt amènera-t-il des décisions permettant plus de souplesse, en particulier dans le domaine du plurilinguisme?

Il s'agit, en effet, de se demander si l'on peut organiser l'avenir de cette situation et la gérer comme un « moindre mal » par rapport aux effets « naturels » du marché linguistique. L'idée est celle d'une planification possible, de codification des règles de fonctionnement, d'une part, et d'intervention sur les représentations, de l'autre, ces deux types d'action ne devant pas être dissociés Il s'agit, en somme, de mettre en conformité avec des réalités non seulement économiques, mais affectives et symboliques, un dispositif social, dans ses dimensions culturelles, éducatives, médiatiques, administratives, etc.

3. Implications. Interventions sur les représentations sociales et sur la politique linguistique.

3.1. les représentations sociales :

Dans ce document (a), un élève, saint-martinois et anglophone, préparant un « BEP commerce » au lycée de Marigot, est amené à dire son sentiment sur la façon dont il a vécu sa scolarité :

> *Et comme on a des difficultés en français, dans la langue... on dit une langue ou un langue ? tu vois comme on a des difficultés... moi je crois que dès l'école maternelle, il faut que les professeurs soient un peu conscients des élèves. Comme tu rentres à l'école, tu es déjà... tu connais rien en français, alors quand ils te disent : « Ca, c'est une table », tu vas à la maison, tu vas*

> *tout de suite l'oublier (...) alors tu dois (te) rappeler que... une table, c'est une table (* prononciation anglaise)... tandis que pour un Guadeloupéen, comme il parle français - bon, il parle créole, mais... - il vient à l'école, il dit « on table », après à l'école, on lui dit : « c'est une table », juste il doit l'arranger, prononcer mieux.*

On ne saurait sûrement mettre sur le seul compte d'une pédagogie la situation linguistique et les pratiques langagières observées. Les documents suivants reflètent assez bien la complexité des faits et laissent à penser quelle est la subtilité de la « pensée circulante » sur les langues. On y voit comment se construisent ces espaces intersubjectifs que sont les représentations.

doc. (b) : Une éducation saint-martinoise vers 1930 (récit de vie) :

> *Il y avait de bons instituteurs du temps de mon père. Ils avaient fait, certains, des études en France. Mademoiselle L., sa mère lui avait fait des cours par correspondance. Sa mère était très instruite. elle l'avait seulement accompagnée pour les examens en Guadeloupe. Elle n'avait pas voulu envoyer sa fille seule en Guadeloupe. Mademoiselle L. nous expliquait, alors qu'avant, on répétait comme des perroquets. Parfois, elle nous expliquait en anglais, bien sûr.*

Mais dans un entretien portant incidemment sur les rapports entre langues française et anglaise, on sent mieux s'exprimer le malaise latent et la difficulté de vivre un réel bilinguisme :

doc. (c) : Madame B., 62 ans :

> *Les deux sont nécessaires... On entrait à l'école quand on avait six ans. On pouvait aller au couvent de Philipsburg. Quand on allait au couvent, il fallait y rester. Les soeurs vous apprenaient la musique, la couture. Les filles qui habitaient dans l'actuelle « Auberge gourmande » à Grand Case et qui étaient nées en Amérique allaient à Philipsburg. Mais à six ans, quand j'ai voulu y aller, l'école était fermée. J'ai pleuré. Mais je remercie Dieu. J'ai ainsi appris ma langue, le français, qui m'est devenue très nécessaire pendant ma vie. Je la connaissais bien dans ma jeunesse. On a honte quand on ne le parle pas. Je suis fière d'avoir appris le français. Mes parents ne le parlaient pas, sauf mon frère.*

Comme il n'y a guère, à Saint-Martin, de « dalons » zélateurs du vernaculaire « au discours militant irréaliste », ni de « paumés » de la francophonie « hypernormatifs » (Baggioni 1994), on imagine que des solutions peuvent émerger, qui seraient à même de réduire l'insécurité linguistique manifestée dans les exemples présentés ci-dessus.

3.2. les politiques :

J'ai évoqué de manière assez développée (Martinez 1994, et ailleurs) les aspects sur lesquels pourrait porter une remédiation en termes de politique linguistique : des aspects sociaux, tels que le fonctionnement de l'administration, de la justice, de la santé, les médias. Des dispositifs ont été envisagés, d'autres mis en place dans la période la plus récente.

Les citoyens de ce petit territoire qui fournit à ma réflexion son point d'ancrage, ont eux-mêmes demandé que l'anglais puisse être employé lors de la recherche d'un travail, à l'ANPE, que le fléchage bilingue des plages et sites soit assuré, que l'éducation soit profondément remaniée. On a suggéré, par exemple, des projets de coopération avec l'université Antilles-Guyane et l'université de Sint Maarten, pour la formation à l'administration, au tourisme, au commerce. Car toutes les données scolaires actuelles démontrent non un échec absolu, mais un échec relatif — c'est-à-dire par rapport à la demande sociale d'éducation — et les enseignants, qui sont comme le lieu de focalisation des tensions, en donnent la figuration la plus représentative (voir pour un panel de leurs attentes et besoins, Martinez 1994 : 181.) Mon hypothèse de fond est que la question méthodologique est tout autant à considérer que la notion de rivalité entre les langues : il y a à concevoir et mettre en oeuvre une didactique, dans le cadre théorique du français langue seconde (Martinez 1994, chap. 11 et 1996, 4.8.) Et rien ne saurait se faire sans une compréhension profonde des paramètres de l'apprentissage, dans un milieu culturel et historique spécifique.

Plus largement, la communauté locale se préoccupe beaucoup — mais tardivement — de l'évolution démographique liée à l'immigration et du cas des Saint-Martinois émigrés ou de leurs descendants qui voudraient revenir sur l'île : comment ne pas les rejeter sous prétexte qu'ils ne parlent pas français ? On voit que le retour à un cadre général de traitement des tensions observées pose le problème même de l'identité collective et de son avenir.

3.3. les tensions comme facteurs de régulation :

Riche de ces informations, on doit désormais laisser penser par eux-mêmes les acteurs du développement des langues, eux sans qui, après tout, elles ne sont rien. Il est donc temps aussi de les réinvestir, qu'ils soient simples citoyens ou « *policy-makers* », dans le droit de la juger, et de la construire ou de la faire évoluer, comme ils le décident, et quand bien même leur décision resterait pour l'heure informulée. La sociolinguistique devrait rester scientifique (ce qui exclut l'épilinguistique) et limiter ses ambitions (ce qui exclut qu'elle entretienne des illusions).

A Saint-Martin, il n'existe guère de possibilité pour le vernaculaire d'accéder au niveau du standard, si — comme le rappelle Jardel pour les Antilles en général (1979 : 25-38) — l'on prend en considération les critères de Fishman (vitalité, historicité, prestige, instrumentalisation, autonomie). Voilà déjà longtemps que D. Bebel-Gisler et d'autres ont expliqué, qu'aux Antilles, les vernaculaires n'avaient pas d'avenir en dehors d'une conquête du pouvoir politique et économique par ceux qui le parlent. Et nous savons maintenant que même cela ne suffit pas toujours. La tâche est donc, très loin des utopies, une entreprise de gestion sociale. Le rôle de la sociolinguistique est de la faciliter.

Car même en l'absence de conflit généralisé, il existe — et le fonctionnement social le veut ainsi — un degré d'insécurité, des formes de pression et des enjeux de pouvoir, qui peuvent être ressentis comme une violence. Dans la cour de l'école, au tribunal, sur le marché, on peut lire, dans les tensions que la recherche conduit à déceler, les prémices d'une évolution. Les tensions sont une nécessité même de la régulation sociale, car les pratiques langagières sont des pratiques sociales signifiantes dont il y a à chercher la cohérence dans une histoire à la fois individuelle et collective. Capter ces signes, les organiser, c'est donner une inflexion à l'évolution, c'est déjà initier ce que Bourdieu appelle une « inversion de légitimation » et contribuer au passage de l'*in vitro* à *l'in vivo*. Un tel travail sur les signes sociaux *critiques* que constituent les pratiques langagières n'est possible que si on sait l'inscrire dans le cadre général du schéma social en transformation. L'avenir est bien entendu à la pluridisciplinarité.

4. Conclusion générale :

4.1. On a vu combien l'étude d'un milieu tel que Saint-Martin amène à écarter des hypothèses inadéquates : celle de la stabilité à laquelle on ramène trop souvent la notion de diglossie (Ferguson 1959), mais aussi celles de la normalisation ou de la glottophagie comme résultantes d'une guerre des langues. La notion de diglossie, de statut inégalitaire de langues ou variétés en présence, a parfois été présentée comme l'expression d'une idéologie, d'une subjectivité sur le contact de langues : la situation aurait été présentée comme « normale, stable » pour mieux « gommer le conflit linguistique dont elle témoignait (et) justifier en quelque sorte qu'on n'y change rien (ce qui fut d'ailleurs le cas dans la plupart des pays décolonisés) » (Calvet 1993 : 45) Si tel était le cas, on pourrait dire alors que la diglossie a bien mal joué ce rôle d'occultation qu'on voudrait lui assigner après coup. Je craindrais aussi qu'une telle supposition de double jeu ne puisse être retournée contre qui ferait du conflit linguistique un fait inéluctable et que la « guerre des langues » elle-même ne soit considérée comme un artefact de l'idéologie.

Dans la Caraïbe, une problématique telle que celle des rapports entre créoles et français (Prudent 1980) a bien montré les fluctuations des valeurs linguistiques et relativisé des jugements trop facilement prédictifs. Les créoles, nés dans ces matrices sociales qu'ont été le fort, l'île et le navire (Bickerton 1986 — voir Véronique 1994 : 9) furent tenus plus tard en estime par une partie de la classe dominante, par ses poètes et ses intellectuels, et rejetés en revanche par les esclaves affranchis. Produits socio-historiques de conditions révolues, ils sont susceptibles des emplois les plus contradictoires : il est banal de remarquer que l'alternance codique lors d'une altercation entre des individus, par exemple, met en lumière l'instabilité des rôles entre langues « dominante » et « dominée ». A Pointe-à-Pitre ou Fort-de-France, voici déjà quelques années que le créole est entré en force dans les réunions électorales ou syndicales. Mais alors que les créoles « appareillés » maintenant, dotés d'une graphie et d'une métalangue, ne parviennent pas vraiment à se développer en milieu scolaire, ils sont jalousement préservés comme vernaculaires et restent le « *poto-mitan* » d'une identité culturelle toujours prête à « *marronner* ». On les voit même en passe de revivifier l'expression littéraire dans la langue dite dominante, et ils font connaître au monde une créolité qui s'écrit en français. En somme voit-on bien que les artistes, les auteurs ont choisi de nouvelles voies : une politique créative qui soit la continuation d'une vieille guerre — jugée finalement stérile — par d'autres moyens. Un mode d'action préconstruit et rigide semble ne plus valoir grand chose s'il se révèle inapte à intégrer les réalités présentes d'un monde qui a changé.

L'éclairage que peuvent donc donner une large bibliographie et la confrontation avec d'autres situations — ne se fonderait-on que sur un domaine, le domaine africain, par exemple (Kazadi 1989, Chaudenson (dir.), 1991, Kashema (dir.) 1992, Dumont et Maurer 1995, etc.) — devraient nous éviter l'écueil de la pensée unique. A Madagascar, après « un grand élan négatif et destructeur (« français langue de l'esclavage », slogan de 1972), la langue française, toujours disponible sans plus être aucunement imposée, apparaît comme une bouée permettant de sauver, ou de rétablir, un minimum de qualité dans l'enseignement » (P. Vérin, colloque Inalco, 1995). Le « conflit », dans cette mesure au moins, s'en est allé comme il était venu.

Nous devrions, en somme, avoir bien des raisons de ne pas allumer de brûlots. Et il n'y a aucune naïveté à considérer que la « concurrence » (W. Bal) doit prévaloir sur le conflit ou que l'organisation de la société peut s'exercer dans le domaine linguistique comme, disons, dans celui de la santé ou de l'éducation. La complexité initiale de la compréhension entre individus (et donc le malentendu) trouve son pendant, au niveau collectif, dans le fonctionnement des langues et des sociétés où celles-ci circulent : il n'y a aucune raison pour que le conflit linguistique soit le mode inéluctable de résolution des tensions à l'œuvre.

Mais il n'y a pas plus de raisons, en tout état de cause, d'étendre à l'ensemble des contacts de langues un irénisme général que démentirait d'ailleurs la diversité des situations. D'un point de vue épistémologique, l'attitude d'induction est tentante, et l'examen d'un certain nombre d'études de cas peut inciter à tenir pour fondée telle ou telle conception. Tel n'était évidemment pas le propos ici.

Il me semble, comme le suggère Norbert Dittmar, qu'il faut plutôt procéder selon une démarche strictement hypothético-déductive pour chaque cas. Car il devient nécessaire d'admettre une intégration contrôlée de la théorie et de l'empirie : « On attend de la théorie qu'elle puisse contrôler un empirisme sans qui elle serait « aveugle » et qu'*a contrario*, la théorie soit contrainte par la référence empirique à rester en contact étroit avec la réalité » (Dittmar 1989). Refus de l'irénisme, refus de la polémolinguistique : là est notre marge de manoeuvre, tout étant affaire d'éclairage.

4.2. A cet égard, un article de F. De Pietro, dont on trouvera par ailleurs les analyses, a, selon moi, le mérite de corriger une erreur d'optique fort répandue (De Pietro, in *Langage et société* 43, 1988 : 80-86).

Celle-ci consisterait à ne pas bien voir qu'un contact de langues ne se réduit pas à sa composante sociolinguistique, au sens où elle concentrerait l'attention sur les facteurs politiques et économiques dans lesquels se développe le processus. Le contact est d'abord une rencontre — ce qui n'exclut pas plus, bien entendu, l'idée de confrontation qu'il ne l'impose — dans un contexte socio-historique donné, entre des « entités » de nature différente : langues, cultures, classes, etc. Il est aussi une rencontre systémique : ce sont deux langues, deux personnalités, etc. qui se rencontrent et elles existent en dehors de l'instance de contact, hors de toute « actualisation », produisant un véritable « système de systèmes », comme le dit G. Lüdi. Il doit encore être saisi dans sa dimension psycholinguistique, car « c'est l'individu qui constitue le lieu du contact des langues » (Weinreich) et c'est sa compétence, sa manière originale d'intégrer les langues en contact qui est en jeu. Enfin, fait remarquer justement De Pietro, la rencontre est affaire d'interaction : elle est « une construction collective des acteurs sociaux » (Bange) pour lesquels l'émergence du sens ne saurait survenir sans une volonté de coopération dans la communication exolingue (comme d'ailleurs dans toute communication endolingue).

Seul l'ensemble de ces angles d'approche ou de ces éclairages permet de définir complètement un contact de langues et l'on pressent donc que le point de vue socio-politique a bien pu, parfois, occulter tous les autres, au détriment d'une vision plus objective (parce que plus holiste) de la situation. On peut relire les exigences méthodologiques formulées par N. Dittmar et citées comme un préalable à ce texte.

4.3. Les contacts de langues sont au coeur même de processus de régulations, sur lesquels a prise l'action humaine, en diachronie comme en synchronie. C'est pourquoi les mots un peu forts devraient être réservés à quelques grandes occasions : la déprivation des langues africaines chez les esclaves tirés de Gorée, la disparition du dernier locuteur d'une langue altaïque qui s'éteint avec lui. Mais il me paraît difficile, la plupart du temps, d'en rester à des formules incantatoires à la Fouquier-Tinville : si en France, vers 1792, les parlers régionaux étaient désignés comme de « maudits idiomes... fléaux de nos villages... tombeaux de l'instruction », il est clair que les enjeux alors justement posés ne sont plus aujourd'hui les mêmes : la construction de la nation et de l'Etat est désormais achevée. La survie ou la revivification d'un très long et très riche passé des identités régionales de la France ne devrait plus être entravée. Et s'il faut garder à l'esprit les analyses fondatrices (comme dans l'ouvrage de Vermès et Boutet (dir.) où apparaissait clairement l'idée d'une

« France pays multilingue »), il faut reconsidérer sans relâche le co-texte, l'environnement extralinguistique de telles analyses. « Pour éviter d'aviver les passions communautaires, il n'y a plus de recensement linguistique en Belgique depuis 1947 » indique Ch. Delcourt (cité in Chaudenson, dir. 1991 : 66). Faute de rigueur, de nuance peut-être, les sociolinguistes ont parfois donné aux utilisateurs envie de ne plus voir ce qu'ils écrivaient.

De l'observation méthodique à la définition de scénarios pour une évolution acceptable, la sociolinguistique se donne vocation à une intervention sociale. On a désigné (Dittmar 1989 : 26) comme pertinents pour le « guidage social de l'usage linguistique » des paramètres de nature aussi différente que l'intégration sociale, la capacité communicationnelle et l'activité sociale ou l'identité, sur lesquels peut se fonder l'intervention. Mais il ne faut pas se cacher que les modes d'action sur les propriétés qui dépendent de ces paramètres (les structures de la variation linguistique, la propagation et le changement) sont comptés.

Ainsi en est-il du comportement linguistique si on laisse les choses aller jusqu'au conflit : les actes de compensation engagés sur fond de « préservation de l'identité » se résument alors à une adaptation littéralement « écologique » aux conditions de la communication ...), à des comportements complémentaires (prise de conscience que l'asymétrie ne saurait être réduite), à des stratégies de négociation résultant d'un véritable « savoir du conflit » (Cadiot, Dittmar 1989 : 46). C'est le propre d'une politique linguistique que d'établir les conditions d'une communication sociale plus équilibrée.

Mais sur le terrain comme à travers leurs publications, quelle fonction est donc celle des sociolinguistes ? Ils ne sont heureusement pas là pour faire *post mortem* de la médecine légale, mais pour aider les décideurs à trouver des solutions à des situations critiques, au sens précis du mot. La prévision et la prévention, la gestion et l'aménagement linguistiques (Chaudenson 1989) définissent l'objet de cette tâche. Ou alors on se fait une autre conception de la sociolinguistique, plus proche de la pure spéculation et en tout cas loin des sciences humaines.

Je n'ai pas idée que ce soit nouveau, car ce souci est dans une large mesure ce qui occupe les sociolinguistes, au quotidien : Labov ou Gumperz ont commencé à travailler autour de la question de l'échec scolaire et des relations interethniques.(Voir Dabène 1990). Il en est allé de même pour l'étude de cas présentée ci-dessus, fortement arrimée à la question des relations entre langues et institutions.

L'action sur les langues n'étant pas l'apanage des seuls scientifiques, pas plus qu'elle n'est celui des hommes politiques, les sociolinguistes ont à coopérer avec tous les médiateurs culturels impliqués eux aussi dans la vie sociale, éducateurs, fonctionnaires, journalistes ou écrivains. Le point de vue des sociolinguistes sur ce qu'est le contact des langues n'est donc qu'un parmi d'autres et il n'a pas plus de légitimité. Une question aussi délicate que celles des rapports entre les langues nationales et l'enseignement en Afrique n'est sûrement pas en voie de se résoudre de la façon dont certains d'entre eux, après les indépendances, pouvaient l'imaginer et proposaient que cela se fît. (Voir encore Kazadi 1989).

Qui verrait là une raison de cesser de travailler à définir des idées directrices, des projets communs, une formation des hommes auxquels s'attache la notion d'*intervention médiatrice.* ? Sur la planète des langues, la notion de « casques bleus » garde tout son sens, avec une certaine dose de conscience critique et malgré l'ambiguïté de sa définition, qui en fait aussi la richesse. La question de savoir si l'entreprise est couronnée de succès ne se pose pas : c'est un ailleurs de la recherche qui ne dépend pas des médiateurs eux-mêmes.

Bibliographie :

Baggioni D. (1994), « Dalons et paumés de la franco-créolophonie réunionnaise », in *Cahiers de l'Institut de Linguistique de Louvain*, 20.1-2, 95-108.

Bautier E. (1995), *Pratiques langagières, pratiques sociales*, L'Harmattan.

Boyer H. (1991), *Langues en conflit*, L'Harmattan.

Cadiot P. et Dittmar N. éd. (1989), *La sociolinguistique en pays de langue allemande*, Presses Universitaires de Lille.

Cain A. dir. (1989), *L'analyse d'erreurs, accès aux stratégies d'apprentissage : une étude interlangues (anglais, allemand, arabe, chinois, portugais)*, INRP Paris .

***Cahiers du Crelef* (1992),** n°34, coord. Kashema M., *Francophonies et didactiques : l'Afrique noire francophone et le Proche-Orient,* Université de Besançon.

Calvet L.J. (1987), *La guerre des langues et les politiques linguistiques*, Editions Payot.

Calvet L.J. (1993), *La sociolinguistique*, PUF, coll. Que Sais-je ?, n°2731.

Chaudenson R. dir. (1991), *La francophonie : représentations, réalités, perspectives,* IECF/Didier Erudition.

***Colloque « Langues et pouvoirs »* (1995),** 11-13 octobre, Institut National des Langues et Civilisations Orientales, Paris.

Dabène L. (1990), « Didactiques des langues et sociolinguistiques : quelles relations ? », *Actes 2ème colloque ACEDLE,* 73-80.

Dittmar N. (1989), « Eléments pour une perspective globale en sociolinguistique », in Cadiot P., Dittmar N., 23-61.

Dumont P. et Maurer B. (1995), *Sociolinguistique du français en Afrique francophone*, Edicef/Aupelf.

Jardel J.P. (1979), « De quelques usages des concepts de bilinguisme et de diglossie », in Wald P., Manessy G., *Plurilinguisme,* L'Harmattan, 25-38.

Kazadi N. (1989), *L'Afrique afro-francophone,* ECF/Didier Erudition.

***Langage et Société* 41, 1987 et 43, 3/1988**, *Actes de colloque,* Nice, 1987, Editions de la MSH, Paris, *passim.*

***Langage et Société* 52, 1990,** *Le français en Afrique,* Editions de la MSH, Paris, *passim.*

Lüdi B. et Py G. (1986), *Etre bilingue*, Berne, Peter Lang.

Martinez P. (1991), « Say no to Customs : barrières linguistiques et taxes douanières en milieu plurilingue », communication au 8ème colloque *« Acquisition des langues »*, Université Stendhal, Grenoble, résumé dans *Actes,* 1992, 275-276.

Martinez P. (1994), *Langues et société aux Antilles,* Editions Maisonneuve et Larose, Paris.

Martinez P. (1996), *La didactique des langues étrangères*, PUF, coll. Que Sais-je ?, n°3199.

Prudent L.F. (1980), *Des baragouins à la langue antillaise*, Editions Caribéennes.

Schlieben-Lange B. (1989), « Amor de Lonh : la recherche sur les minorités en Allemagne », in Cadiot P., Dittmar N., 243-254.

Vermès G. et Boutet J. (1987), *France, pays multilingue*, 2 vol., L'Harmattan.

Véronique D. éd. (1994), *Créolisation et acquisition des langues*, Publications de l'Université de Provence .

Marinette MATTHEY*
Jean-François DE PIETRO**

LA SOCIETE PLURILINGUE : utopie souhaitable ou domination acceptée ?

> *« La langue est pour le citoyen, et non le citoyen pour la langue. »*
> (Klinkenberg 1995, 62)

1. Modèles « bilinguistes » et modèles « diglossiques » : les données d'un débat.

Dans ses *Eléments de sociolinguistique*, H. Boyer (1991 : 95) oppose deux types de modèles élaborés pour rendre compte des phénomènes de bi- ou plurilinguisme, les modèles « bilinguistes » et les modèles « diglossiques ». Il renvoie aux « recherches des sociolinguistes suisses » comme prototypes des premiers, aux travaux des sociolinguistes catalans et occitans comme prototypes des seconds. Les différences qu'il associe à

* Université de Neuchâtel (CH)
** IRDP, Neuchâtel

ces deux types de modèles relèvent de diverses dimensions méthodologiques et théoriques, tout en étant fortement liées aussi aux situations historiques concrètes dans lesquels ceux-ci ont été construits (Boyer 1997).

Ainsi, le modèle « diglossique » — tel que Boyer le réinterprète en opposition aux descriptions initiales de Ferguson (1959) et Fishman (1971) — émerge-t-il dans des contextes de « concurrence déloyale » (1991 : 92) entre langues et se caractérise-t-il par une vision dynamique, diachronique, et conflictuelle des contacts de langues : « il ne saurait être question de coexistence équilibrée entre deux langues concurrentes. » (1991 : 93), la distribution de celles-ci étant inégalitaire, inévitablement transitoire[1], et renvoyant à des rapports de dominance. Le modèle est le plus souvent ici envisagé comme un outil dans une conception interventionniste de la sociolinguistique.

A l'inverse, le modèle « bilinguiste » se présente, selon Boyer, comme « pacifique », consensuel, collaboratif, dynamique mais synchronique. Selon ce modèle, et suivant en cela Weinreich (1953), c'est d'abord chez l'individu que le contact des langues a lieu, ou lorsque deux (ou plusieurs) personnes interagissent en utilisant plusieurs langues et en mettant en œuvre des procédés communicatifs qui contribuent en quelque sorte à un rapprochement des idiomes en présence (*parler bilingue, alternances codiques, collaboration*). D'ailleurs, pour les tenants d'une telle

1. Martinet (1982 : 13) considère également que «la tendance à la réduction et à l'élimination finale de la situation bilingue est un trait général et permanent».

conception, l'état normal de l'*homo loquens* n'est-il pas le bi- ou le plurilinguisme ? Et des situations de diglossie comme celle qu'on rencontre en Suisse alémanique ne montrent-elles pas que la coexistence des langues n'est pas nécessairement conflictuelle, ni transitoire ? (Lüdi 1990a et 1997, Wuest 1992 et 1993).

Comme on le voit, l'opposition entre les deux modèles semble importante. Elle ne peut que nous interroger et susciter un débat portant sur les questions suivantes :

— Comment expliquer les différences entre ces deux types de modèles?

— Ne font-elles que refléter la diversité des situations de contacts entre langues?

— Les deux modèles sont-ils franchement incompatibles? Ou, à l'inverse, ne seraient-ils pas complémentaires ?...

— L'un ou l'autre résulte-t-il d'un aveuglement — méthodologique, épistémologique, voire idéologique — à la réalité des faits ?

— Ou s'agit-il finalement d'une simple différence de *points de vue*, dont on sait depuis Saussure, qu'ils créent l'objet ?

Boyer (1991) souligne encore une autre différence importante entre ces deux modèles: le modèle « diglossique » est essentiellement macrosociolinguistique alors que le modèle « bilinguiste » est microsociolinguistique, centré sur les interactions conversationnelles dans lesquelles apparaissent plusieurs langues. Serait-ce cette opposition méthodologique qui permettrait finalement d'expliquer les différences ?... En tous les cas, cette dernière opposition vient s'ajouter à toutes les autres, dans une configuration que nous pouvons schématiser ainsi :

modèle bilinguiste	*modèle diglossique*
interaction	langues
approche micro	approche macro
synchronique	diachronique
dynamique	dynamique
consensuel	conflictuel

Ces différentes questions renvoient non seulement à des problèmes de méthode, de cadre théorique, mais aussi à la relation que les chercheurs entretiennent avec leur objet d'étude et avec l'action sociale. D'une certaine manière, il s'agit de savoir si une société plurilingue est possible, souhaitable, ou si elle n'est qu'un leurre, une mystification, souvent intériorisée par ceux-là mêmes qui sont dominés et en subissent les répercussions négatives.

Nous examinerons ici quelques-unes de ces questions à partir de la position qui est la nôtre[2], celle de sociolinguistes qui ont contribué à l'élaboration de l'un des modèles, avec la volonté, certes, de le défendre mais aussi de mieux comprendre ce qui est vraiment en jeu dans l'opposition « conflit-consensus ».

2. La réflexion proposée ici reprend largement les apports de l'ensemble des membres des équipes successives conduites par les professeurs Lüdi (Université de Bâle) et Py (Université de Neuchâtel), mais nous tentons de les reprendre ici en fonction de la thématique de cet ouvrage ; il va de soi dès lors que la responsabilité des interprétations proposées nous incombe totalement.

Pour ce faire, nous nous baserons essentiellement sur les recherches conduites par l'équipe des professeurs Lüdi et Py, d'abord à propos des migrants germanophones, italophones et hispanophones à Neuchâtel (*cf.* Lüdi & Py 1986, Lüdi 1990b), ensuite à propos de la communication exolingue entre ressortissants de langues différentes (principalement l'allemand et le français ; *cf.* Alber & Py 1985, 1986, de Pietro 1988b, Lüdi 1989), enfin à propos des aspects linguistiques de la migration interne en Suisse, à savoir la migration des francophones et des italophones en région germanophone et, réciproquement, des germanophones en Suisse romande et en Suisse italienne (*cf.* Lüdi, Py *et al.* 1995).

Avant d'entrer dans le vif du sujet, il n'est peut-être pas inutile de rappeler quelques données à propos de la situation linguistique helvétique.

2. La Suisse : un pays plurilingue.

La Suisse est, constitutionnellement, un pays quadrilingue. L'allemand, le français et l'italien sont langues nationales et officielles, le romanche est langue nationale et, depuis peu[3], offi-

3. Suite à la révision de l'article 116 de la Constitution, accepté en votation populaire en mars 1996, le nouvel article est libellé ainsi :

1. Les langues nationales de la Suisse sont l'allemand, le français, l'italien et le romanche.

2. La Confédération et les cantons encouragent la compréhension ou les

cielle pour ce qui concerne les rapports de l'Etat avec les citoyens de cette région. Il faut souligner par conséquent qu'en Suisse, l'identité nationale est médiatisée par l'identité régionale, dans laquelle intervient fortement l'identité linguistique. Cette situation fait que les Suisses acceptent généralement que certains de leurs compatriotes se sentent liés à une autre langue. Ainsi, la pluralité des langues est constitutive de l'identité suisse, contrairement à ce qui se passe en France, par exemple.

L'usage des langues est régi par les deux principes complémentaires, déduits de la Constitution mais non inscrits dans celle-ci, dits de la *territorialité* et de la *liberté* des langues. Le premier délimite à l'intérieur du pays des zones officiellement unilingues — à l'exception toutefois de quelques régions ou communes officiellement bilingues; le second garantit à tout individu le libre usage de sa langue. Ainsi, le plurilinguisme est essentiellement un attribut juridique de l'Etat qui, paradoxalement, favorise d'une certaine manière l'unilinguisme des locuteurs (Lüdi & Py 1990)!

échanges entre les communautés linguistiques.

3. La Confédération soutient des mesures prises par les cantons des Grisons et du Tessin pour la sauvegarde et la promotion des langues romanche et italienne.

4. Les langues officielles de la Confédération sont l'allemand, le français et l'italien. Le romanche est langue officielle pour les rapports que la Confédération entretient avec les citoyens romanches. Les détails sont réglés par la loi.

Cf. au sujet du nouvel article 116 et de la politique linguistique suisse Froidevaux (1996).

En fait, les régions linguistiques ainsi définies sont loin d'être entièrement homogènes. D'abord, comme dans les autres pays européens, on trouve de nombreuses communautés immigrées qui ont conservé des liens plus ou moins étroits avec leur langue d'origine (Lüdi & Py 1986, Babylonia 1995, Gretler *et al.* 1981). La migration interne, à l'intérieur des frontières nationales, contribue aussi à diversifier les langues présentes dans les différentes régions (Franceschini 1996, Lüdi 1992, Tschoumy 1995). Ensuite, le pays connait plusieurs situations fort différentes:

— La Suisse alémanique est caractérisée par une situation de diglossie entre les dialectes suisses alémaniques, souvent regroupés sous la dénomination générale de « schwyzertütsch », et l'allemand. Il s'agit d'une diglossie fonctionnelle, « médiale », dans laquelle les langues se répartissent de manière relativement stricte et stable selon le canal de communication : les dialectes à l'oral, l'allemand à l'écrit et dans quelques situations orales très formelles (Schwarzenbach 1969, Schläpfer (Ed) 1985, Wuest 1992).

— La Suisse italienne connait également une certaine diglossie, mais d'une nature différente, moins strictement structurée et moins stable. Le répertoire langagier des Tessinois est vaste et comporte, outre l'italien standard, des dialectes locaux, une koiné dialectale et un italien régional. Toutefois, au contraire de la Suisse alémanique, les différences individuelles y sont fortes et les fonctions assumées par les dialectes sont plus clairement délimitées aux domaines informels de la vie quotidienne. L'italien standard tend d'ailleurs à gagner du terrain (Bianconi 1980, Berruto 1980)

— En pays romanche, la situation est beaucoup plus délicate. La région est fragmentée en quatre ou cinq variétés, écrites aussi bien qu'orales, qui font actuellement l'objet d'efforts de sauvegarde et de standardisation. Toutefois, le bassin de population est faible et la pénétration des idiomes germaniques (standard et dialectes) y est très marquée. Aucun Romanche n'est unilingue (Furer 1981, Lutz & Arquint 1985, Solèr 1996).

— En Suisse francophone, enfin, l'usage de la langue française, teintée de régionalismes lexicaux et prosodiques, est généralisé. Il n'y a plus à proprement parler de situation diglossique, les dialectes (relevant principalement du franco-provençal et, tout au nord, de la langue d'oïl) n'étant plus parlés que dans quelques zones rurales (Knecht 1979, 1985).

Toutes les régions ne sont donc pas diglossiques, même si toutes offrent une large diversité de langues en présence, ne serait-ce que par la présence active de communautés migrantes lusitophones, hispanophones, italophones, etc. En ce qui concerne les langues nationales, les contacts ne sont pas dénués de tensions, voire de conflits : dans les régions romanches où l'idiome autochtone est menacé, au Tessin et en Suisse romande où certains craignent une « invasion » de l'allemand[4]. Si le nou-

4. *Cf.* à ce sujet de Pietro 1995, qui analyse quelques exemples de discours à ce propos et met en évidence le caractère largement fantasmatique de ces craintes ; voir également Knecht 1985, Manno sous presse.

vel article 116 de la Constitution précise que la Confédération « encourage la compréhension ou les échanges entre les communautés linguistiques », c'est bien pour tenter d'apaiser certaines tensions qui s'expriment parfois entre les communautés au sujet mais aussi par le biais des questions linguistiques (*cf.* Caccia 1997 et ci-dessous, à propos du traitement des questions linguistiques par les médias).

La Suisse apparait bien ainsi comme un véritable laboratoire pour l'étude du plurilinguisme sous ses diverses formes (Lüdi & Py 1990). La réalité des contacts entre langues (ou dialectes), sur laquelle s'est s'échafaudé notre modèle du plurilinguisme, est fortement diversifiée : contacts entre variétés d'une même langue, entre différentes langues, entre langues (ou dialectes) et idiomes déterritorialisés des migrants, etc. On peut supposer que cela constitue l'un des facteurs responsables des différences observées entre notre modèle et celui élaboré en contexte catalan ou occitan. Nous abordons en effet le plurilinguisme sans nous fonder spécifiquement sur une situation de diglossie *stricto sensu*. Et il est certain aussi que le fait de travailler principalement sur des situations de contacts entre deux langues (le français et l'allemand) disposant d'importants bassins de population à l'extérieur du pays et dotés d'une valeur symbolique et économique forte ne peut qu'influencer le modèle « consensuel » que nous avons élaboré. Notons toutefois que la diglossie alémanique, qui devrait, selon les théories catalanes et occitanes, se résorber au profit d'une des deux langues en contact est remarquablement stable ! On peut finalement se demander si ce n'est pas la Suisse, dans son ensemble, qui représente un cas particulier, un *sonderfall*, comme pourrait, par exemple, le suggérer sa non appartenance à l'Europe[5]...

Venons-en maintenant à la description des éléments qui constituent les bases de nos travaux.

3. Des observables à interpréter.

Une des caractéristiques de notre approche du plurilinguisme consiste à partir de l'observation microlinguistique de situations dans lesquelles apparaissent plusieurs langues. Ce parti pris résolument empirique nous conduit tout d'abord à repérer des séquences qui contiennent des changements de langue, comme dans les exemples ci-dessous :

Exemple 1

all'inizio ero molto scettico nei confronti dei romandi per via dell'immagine che se ne ha menefreghisti *un laisser aller*[6] (Corpus Bâle-Neuchâtel, migrante tessinoise en Suisse romande)

---

5. Une anecdote récente pourrait tendre à confirmer cette hypothèse : les prises de position officielles de la Suisse francophone et germanophones face aux propositions de rectification de l'orthographe du français (1990) et face à la réforme orthographique de l'allemand (1996) ont été semblables par rapport, respectivement, à la francisation et à la germanisation des emprunts. Alors que les deux réformes préconisent l'assimilation orthographique, la Suisse défend quant à elle le respect des graphies d'origine ! (Matthey 1996b).

6. au début, j'étais très sceptique par rapport aux Romands à cause de l'image qu'on en a... des je-m'en-foutistes, un laisser aller.

Exemple 2

y había una chica que dijo que a ella su hija cuando nació le habían dicho *qu'elle était condamnée*[7] (Corpus Bâle-Neuchâtel, migrante espagnole de Neuchâtel)

Exemple 3

<table>
<tr><td>tu connais le déroulement du travail</td><td>jo langsam jo wäisch das brucht soviil bis du nöime wider echli igschafft bisch und jetzt das eifach wider ufgäh und do wäisch jo im Grund gnoh äh nit eso</td></tr>
<tr><td>ah oui ce n'est pas tellement sûr parce qu'il suffit qu'il vienne un assistant pastoral avec sa femme qui fait l'office du secrétaire</td><td>genau genau</td></tr>
<tr><td>et puis tu peux oui oui oui ce serait seulement un travail temporaire</td><td>und denn chasch wider go[8]</td></tr>
</table>

(Corpus Bâle-Neuchâtel, discussion entre une migrante française à Bâle et une Bâloise native; les soulignements indiquent des chevauchements de parole).

Exemple 4 (N : natif, A : alloglotte)

N [...] qui était là?

A oh seulement les deux pa eh: les deux paires de parents

---

7. et il y avait une jeune femme qui a dit qu'à elle, quand sa fille est née, ils lui avaient dit qu'elle était condamnée.

8. (...)

oui avec le temps, tu sais, ça exige tant jusqu'à ce que tu sois quelque peu initié, alors abandonner tout ça maintenant... là au fond tu sais pas tellement

(...)

tout à fait, tout à fait

(...)

et puis tu peux repartir.

N les deux pères pi les deux mères . le les [ty] mère
A paires
N les deux . tu dis ehm: comment on pourrait dire ça? . les . (bas) comment dire?
A *die Paare* . aso . paires
N ouais les deux paires . de parents
A de parents
N les deux paires de parents . ok
A paires de parents
(Corpus Bâle-Neuchâtel, « jeu du mariage »[9])

Ces exemples suscitent un certain nombre de questions liées à la gestion des langues en contact et, plus précisément, à l'apparition des changements de langues : quand apparaissent-t-ils? Quelles sont les conditions requises pour qu'il en surgisse, soit au sein du discours d'un même locuteur (exemples 1, 2 et 4), soit entre deux interlocuteurs (exemple 3)? Quelles fonctions revêtent les changements de langue? Peut-on dégager une logique de ces changements? Surviennent-ils au contraire d'une manière anarchique, non structurée?

Ces différentes questions ont fondé tout un courant de recherche sur le *code-switching* ou l'alternance codique[10] et elles ont également orienté le type d'analyse linguistique que nous avons mis en oeuvre. Nous avons enregistré de nombreux entretiens entre chercheurs (monolingues ou bilingues) et informa-

9. Jeu de rôle organisé lors d'une rencontre interlinguistique entre lycéens romands et alémaniques. Les protagonistes doivent former un couple et imaginer les questions que va leur poser un jury sur leur vie commune fictive.
10. *Cf.* par exemple ESF 1990 a, b et c, 1991.

teurs (également monolingues ou bilingues); nous avons demandé à nos informateurs de s'enregistrer lorsqu'ils étaient impliqués dans des situations de communication plurilingue (auto-enregistrements). Les outils utilisés pour traiter ces matériaux sont ceux de l'analyse conversationnelle, inspirée par les options ethnométhodologiques.

Il nous semble en effet que pour être à même de décrire la réalité linguistique des interlocuteurs en situation plurilingue, il est nécessaire d'observer minutieusement le comportement verbal des personnes impliquées, c'est-à-dire qu'il est nécessaire de repérer et d'inventorier les *méthodes* (au sens ethnométhodologique du terme) utilisées par les interlocuteurs dans une interaction plurilingue (Bange 1992, Gülich 1986, 1991).

Cette approche des phénomènes interlinguistiques fait ainsi une large place à la dimension *émique* des contacts de langue, c'est-à-dire à la manière dont ces contacts (ou ces conflits!) sont vécus dans les actes mêmes des personnes qui se trouvent impliquées dans des situations plurilingues.

Postulat d'interprétation intersubjective.

Dans cette approche, la signification des activités verbales *pour les interlocuteurs eux-mêmes* est déterminante. Nous adoptons ainsi le *postulat d'interprétation subjective* défini par Schutz (1987) :

> (...) en adoptant l'attitude scientifique, le chercheur observe les modèles de l'interaction humaine ou ses conséquences pour autant qu'elles soient accessibles. Cependant, il doit interpréter ces modèles d'interac-

tion en terme de structure subjective de signification à moins qu'il renonce à tout espoir de saisir la « réalité sociale ». (Schutz 1987 : 48).

Dans la description et l'interprétation de nos observables, nous cherchons d'abord à découvrir la vision de la réalité *telle qu'elle est quotidiennement vécue et construite dans les pratiques et les représentations des acteurs.* Dans un deuxième temps, nous recadrons cette vision de la réalité à travers notre propre point de vue de chercheur-linguiste, dans la mesure où nos finalités ne sont pas les mêmes que celles de nos informateurs : ces derniers envisagent la réalité en fonction des objectifs et des capacités d'action qui sont les leurs, alors que nos finalités, avec les pratiques scientifiques qu'elles impliquent, conduisent à des interprétations qui s'inscrivent dans un champ de recherches, celui de la sociolinguistique interactioniste.

Aspects micro et macrolinguistiques : quelles relations ?

L'hypothèse majeure qui caractérise notre approche des contacts linguistiques peut s'énoncer comme suit : c'est en bonne partie dans et par les micro-évènements langagiers quotidiens que se constitue la réalité linguistique d'une communauté. Cette hypothèse permet d'assurer le relais entre le recueil et l'interprétation des données, qui s'inscrivent résolument dans le domaine des analyses *micro*, et les généralisations théoriques que nous proposons, en particulier une conception des contacts de langue comme construction de la réalité plurilingue par des acteurs qui sont — ou non — eux-mêmes bilingues (ou plurilingues).

Nous abordons donc les questions de contacts de langues dans une perspective essentiellement linguistique. Et nous faisons l'hypothèse que les phénomènes de la réalité sociale qui sont pertinents pour les acteurs devraient laisser des *traces*, sous forme d'observables formels, aux niveaux de l'interaction et de la langue. Autrement dit, nous ne nions en aucune façon les dimensions économiques, politiques ou autre des contacts de langues, mais nous nous intéressons à elles dans la mesure où elles influencent concrètement les interactions qui constituent pour nous l'expression de ces situations de contacts.

Ainsi lorsque Grin (1995 et à paraître) montre qu'en Suisse les taux de rendement des compétences linguistiques en langues secondes varient selon la première langue des individus et, par conséquent, que, pour un même niveau de compétence langagière, un Suisse alémanique a en moyenne un meilleur salaire qu'un Suisse romand, nous nous demandons si ce rapport de dominance est aussi linguistiquement observable dans les échanges langagiers entre Romands et Alémaniques. La réponse n'est pas simple, car un tel lien n'est pas toujours immédiatement visible, ni facile à percevoir; on peut néanmoins en trouver des traces dans une certaine tendance des Alémaniques, par exemple dans des commissions parlementaires fédérales, à avoir recours à leur dialecte, quand bien même ceux-ci ne sont pas reconnus par la Constitution comme langue nationale ou officielle et sont souvent moins bien maitrisés par les autres Confédérés (*cf.* note

3). Ce recours au dialecte peut donc s'interpréter comme une manifestation discursive de ce rapport de dominance, et c'est d'ailleurs souvent cette signification qui lui est attribuée par les locuteurs francophones. Il serait faux pour autant de considérer que toute disparité économique entre régions linguistiques implique automatiquement une domination linguistique[11].

4. Approche de la communication plurilingue : vers un modèle.

L'analyse microlinguistique des observables qui apparaissent dans les situations de communication où plusieurs langues entrent en contact sous des modalités diverses nous a progressivement amenés à remettre en question et modifier le modèle classique de la communication proposé par Shannon et Weaver et revu par Jakobson.

Dans les années soixante, ce schéma a diffusé l'image classique d'un destinateur (un émetteur) relié à un destinaire (un récepteur) par un canal, partageant un code (une langue) et

11. Il est frappant à cet égard de constater que la Suisse se caractérise par l'enchevêtrement de plusieurs axes de relations sociales intergroupes (axes des appartenances religieuses, des classes sociales et économiques, des appartenances linguistiques, etc.) qui ne coïncident pas entre eux et qui souvent se neutralisent. C'est peut-être là qu'il faudrait chercher la cause de l'apparent consensus qui règne dans ce pays. On remarquera que le *schwyzertütsch*, langue qui pourrait être dominante, voit son statut contrebalancé par son manque de prestige face aux langues nationales.

échangeant un message. Ce schéma, inspiré des télécommunications, s'applique — implicitement — à des situations de communication entre personnes partageant une même langue et ayant des compétences similaires dans celles-ci. Le code utilisé, en effet, apparait comme neutre, transparent, non problématique; son usage n'est pas en tant que tel porteur de signification[12].

Or, les exemples 1 à 4 montrent que le partage d'un même code n'est pas toujours une condition remplie lorsque deux locuteurs entrent en contact. Au contraire, les interactions verbales où l'accès au code (à la langue ou aux langues utilisées) est inégalement partagé entre les participants sont extrêmement courantes et le schéma classique de la communication semble inadéquat pour en rendre compte. Il apparait en effet que la communication s'instaure tout de même dans de tels cas, sans qu'apparaisse nécessairement une quelconque manifestation d'incompréhension de la part des interlocuteurs (exemples 1 à 3). S'il y a problème (exemple 4), les interlocuteurs peuvent recourir à des procédés d'ajustement, qui laissent des traces dans le discours. Ce type de situations a été largement analysé dans le cadre des travaux sur la *conversation exolingue* ou *en situation de contact* (Porquier 1984, Noyau & Porquier 1984, Lüdi (éd.) 1987, Dausendschön-Gay & Krafft 1991, Gülich 1991).

---

12. La fonction métalinguistique pourrait toutefois, dans une conception élargie du modèle, intégrer certains des aspects traités ici. *Cf.* sur ce point Lüdi (1982).

Comme le montrent nos exemples, la pluralité codique contribue de façon évidente — mais différente dans chaque cas — à donner à la communication sa configuration originale, à plusieurs niveaux: au niveau formel par l'apparition d'un autre code; au niveau sémantique par le fait que du sens est transmis non seulement par les unités linguistiques mais également par le choix d'utiliser l'une ou l'autre langue ; au niveau interactif, relationnel, par les procédés de collaboration qu'on voit apparaitre avec une fréquence inhabituelle.

Examinons de plus près deux phénomènes linguistiques qui peuvent recevoir, selon le type de situation où ils apparaissent et le cadre théorique auquel on se réfère, une interprétation différente : le *néocodage* et les *marques transcodiques.* Tous deux impliquent une « revisitation » de la notion de code telle qu'elle est proposée dans le modèle classique de la communication, en mettant en évidence les aspects dynamiques et translinguistiques du code.

A. Les activités de néocodage.

La centration sur les données empiriques de corpus qui présentent des formes linguistiques appartenant à deux ou plusieurs langues a permis de mettre l'accent sur la créativité linguistique en situation de contact de langues. En d'autres termes, les interlocuteurs d'une conversation exolingue peuvent « bricoler » des formes qui n'appartiennent ni à la langue A ni à la langue B, et qui peuvent avoir une durée de vie réduite au temps de cette seule conversation ou devenir habituelle pour ces interlocuteurs. Ces formes constituent des créations réellement interlinguistiques. Ainsi, par exemple, dans les communautés hispanophones en région francophone, le terme *posta* a tendance à remplacer l'équivalent espagnol *correos* (*cf.* Grosjean & Py 1991). Le terme ainsi créé n'appartient ni à la langue d'origine, ni à la langue d'accueil, mais ces deux langues ont évidemment contribué à l'apparition de l'expression. Alber & Py appellent *activité de néocodage* les processus langagiers qui soutendent ces formes hybrides (Alber & Py 1986 : 151).

B. Les marques transcodiques.

Le terme de *marque transcodique* est un hyperonyme permettant de désigner tous les observables manifestant la présence de deux ou plusieurs langues dans le répertoire des interlocuteurs (Lüdi (Ed.) 1987). Au niveau strictement lexical, il peut s'agir de calques ou d'emprunts. Par exemple :

Exemple 5

Il faut dire une chose c'est que Bâle est peut-être un *sonderfall* hein? (Corpus Bâle-Neuchâtel)

Au niveau de la phrase, on parlera d'alternance codique (ou *code-switching*). Par exemple :

Exemple 6

Erano persino al porto *dans des containers* non so forse non li conoscono *mais* i *containers* ... voi sapete cosa sono? (Corpus Bâle-Neuchâtel)

On parlera de changements de langue lorsque l'alternance est plus durable. Par exemple :

Exemple 7

A on va se mettre à parler schwyzertütsch ond eh gseen'ich au mer chönd au alli

B jo

A so dass mer au vo de Sprach her ohni witeres chönd wächsle[13]

(Corpus Bâle-Neuchâtel)

L'exemple suivant montre également une alternance des langues selon les locuteurs, mais il apparait sous forme écrite dans la publication des actes d'un colloque organisé par l'Office fédéral du personnel[14]. C'est cette fois le principe helvétique idéal du « chacun parle la langue officielle de son territoire et comprend la langue officielle des autres territoires » qui est validé par l'utilisation du français par un Romand, et de l'allemand — et non du dialecte qui est pourtant la langue parlée de la Suisse alémanique! — par son interlocuteur germanophone :

Exemple 8 (A intervenant francophone; B: intervenant germanophone)

A Les écoliers de Bienne profitent-ils de la possibilité qui leur est donnée de passer d'une classe francophone à une classe alémanique ou vice-versa ?

---

13. A On va se mettre au suisse-allemand et euh je vois aussi/ nous savons tous

B oui

A bon nous aussi pour la langue, on peut changer sans autre (*sans autre* régionalisme résultant d'un calque (*ohne weiteres*), très fréquent en Suisse romande et signifiant *grosso modo* « sans problème »).

14. Die Mehrsprachigkeit des Schweiz in Staat und Verwaltung Heute un Morgen; La diversité linguistique de la Suisse dans les collectivités publiques; Il plurilinguismo de la Svizzera nell'ambito dello Stato e dell'Amministrazione. Montreux, 1980, Office fédéral du personnel.

B Es kommt sehr selten vor, dass Kinder während ihrer Schulzeit die Unterrichtsprache wechseln (...)[15]

Les types et les fonctions des marques transcodiques sont nombreuses (*cf.* Del Coso-Calame *et al.* 1986, Alber & Oesch-Serra 1987, Lüdi (Ed) 1987). On relèvera en particulier leur importance dans la structuration du discours, comme dans l'exemple suivant, où le connecteur *et puis* marque une séparation entre la conclusion et le reste de l'énoncé :

Exemple 9

Si vede sempre 'e stesse cose... si ferma là a vedere un po' di lago *et puis...* finita eh! (Corpus Bâle-Neuchâtel)

Dans le contexte d'une conversation entre bilingues, les marques transcodiques sont révélatrices du *parler bilingue* (Grosjean 1984, Lüdi & Py 1986), caractérisé par l'accès simultané à deux ou plusieurs codes du répertoire langagier. Selon la définition de Gumperz, le parler bilingue est ainsi « a linguistic repertoire consisting of a series of functionnally related codes » (1972 : 149).

La réflexion sur les types et les fonctions des marques transcodiques a conduit l'équipe de Bâle-Neuchâtel à proposer une typologie des interactions verbales qui prenne en compte simultanément les aspects *bilingue* (présence effective ou potentielle de deux langues dans l'interaction) et *exolingue* (degré

15. Il arrive très rarement que les enfants, durant leur scolarité, changent de langue d'enseignement.

d'asymétrie dans l'accès des interlocuteurs aux différents codes de l'interaction).

Une typologie des interactions verbale.

Le schéma ci-dessous[16] permet de rendre compte, par la combinaison de deux axes, de quatre situations prototypiques :

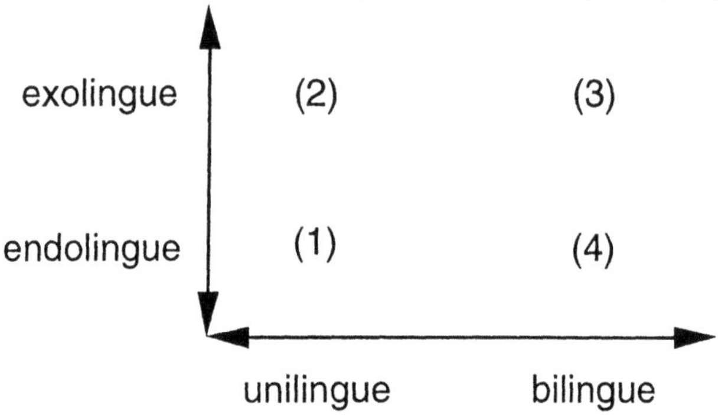

(de Pietro 1988a, 72)

L'axe unilingue-bilingue rend compte de la disponibilité d'une deuxième langue dans le répertoire verbal des interlocuteurs. L'axe endolingue-exolingue rend compte du *degré de partage* du ou des code(s) par les interlocuteurs.

Les quatre situations présentées sur le schéma sont bien sûr des situation idéalisées dans un but heuristique. La situations représentée par (1) est caractérisée par la présence d'une seule langue et une asymétrie linguistique minimum entre les locuteurs. Les situations unilingues-exolingues (2) sont caractérisées

16. Pour une présentation plus complète *cf.* de Pietro (1988a) et Lüdi (1989) ; *cf.* également Porquier (1984).

par la prise en compte, par les interlocuteurs eux-mêmes, des divergences codiques et par la mise en oeuvre de diverses stratégies pour les réduire, en restant cependant à l'intérieur d'une seule langue. Les situations exolingues-bilingues (3) sont, elles aussi, caractérisées par des divergences codiques entre interlocuteurs, mais ceux-ci ont cette fois recours à deux langues, inégalement partagées toutefois, pour les surmonter. Enfin, les situations bilingues-endolingues rendent compte de ce que nous avons appelé le *parler bilingue* ; c'est là que vont apparaitre les phénomènes propres aux situations de communication bilingue dont nous avons donné quelques exemples plus haut..

5. Les ancrages théoriques du modèle.

Venons-en maintenant à l'interprétation théorique des observables et à leur intégration dans un cadre explicatif plus général. Nous aborderons ici les dimensions communicatives, linguistiques, sociale et psycholinguistique (acquisitionnelle) des phénomènes observés. Nous nous pencherons ensuite sur les implications sociolinguistiques d'un modèle des contacts de langues, dans la mesure où c'est là que se jouent prioritairement les conflits linguistiques.

Collaboration et négociation en situation de contacts de langues.

Toute communication présuppose une certaine coopération des interlocuteurs, qui se manifeste par de nombreux mécanismes communicatifs tels que le respect des règles langagières et conversationnelles, le respect des maximes de Grice (1979), le travail de figuration (Goffman 1974). Le déroulement même de la communication prend alors la forme de négociations successives jusqu'à l'obtention d'un accord relatif au but poursuivi (Roulet *et al.* 1985 : 15). Dans les situations de contacts, ces propriétés de la communication se retrouvent bien évidemment, mais revêtent des colorations en partie originales :

— en situation plutôt *bilingue*, il est frappant de constater que la négociation peut porter souvent sur le choix de la langue utilisée (exemple 7), voire sur l'acceptabilité d'un *code-switching*. Autrement dit, c'est la définition de la situation en termes de normes plurilingues qui fait (aussi) l'objet des négociations.

— en situation plutôt exolingue, on a souvent souligné (entre autres : Alber & Py 1986, Dausendschön-Gay & Krafft 1991, de Pietro 1988b, Bange 1992.) qu'une collaboration accrue des interlocuteurs était nécessaire pour que l'échange ne tombe pas dans un climat permanent d'incompréhension. Cette collaboration se manifeste par des procédés tels que la *reformulation* et la *simplification* (de Pietro 1988b, Alber & Py 1986), l'*analyse* (Dausendschön-Gay & Krafft 1993), l'*achèvement interactif* (Gülich 1986) du côté du partenaire fort, les demandes d'explication, les énoncés inachevés, le néocodage chez le partenaire faible.

L'exploitation linguistique du répertoire plurilingue.

Les locuteurs bilingues, même s'ils n'ont pas une maitrise équilibrée des langues qu'ils utilisent, exploitent leur répertoire global afin d'atteindre certains des objectifs de l'échange.

Ainsi, confronté à une lacune (momentanée ou durable) dans son lexique, le bilingue pourra tenter de la combler en recourant à l'autre langue. Ce phénomène est surtout fréquent en *situation bilingue*, lorsque le locuteur est en droit de supposer que son interlocuteur possède un répertoire plus ou moins équivalent ou qu'il est en tout cas susceptible de comprendre l'autre langue; c'est le cas des migrants entre eux, mais aussi, souvent, des échanges exolingues entre Romands et Alémaniques, puisque chacun est censé avoir appris la langue de l'autre à l'école.

Mais le répertoire plurilingue n'est pas seulement une *bouée* en cas de problème (Moore 1996) : comme nous l'avons vu à propos des marques transcodiques, les bilingues exploitent les changements de code pour marquer diverses fonctions linguistiques telles que la structuration de l'énoncé, l'introduction du discours rapporté, l'inférence conversationnelle, etc. Ceci a été abondamment décrit dans la littérature sur les alternances codiques et nous n'y reviendrons donc pas, sinon pour rappeler, à la suite de Sankoff & Poplack (1979) et d'autres, que ces alternances ne surgissent pas de manière aléatoire mais suivent les principes d'une *grammaire* propre aux locuteurs bilingues.

La dimension acquisitionnelle des contacts de langue.

La vision plutôt heureuse des contacts de langue qui caractérise nos travaux ne peut que déboucher sur la problématique de l'acquisition de la langue de l'autre (Lüdi & Py 1986 (chap. VI), Lüdi 1989, Py 1989, 1991, 1993a, Matthey 1995). Les processus d'acquisition sont envisagés dans une optique largement constructiviste, où l'apprenant est considéré comme un agent actif du développement de ses compétences linguistiques (dans sa ou ses premières langues comme dans les suivantes). Py (1991) ajoute ainsi un troisième axe à la typologie des situations linguistiques présentées plus haut. Cet axe rend compte de la *tension acquisitionnelle* des situations bilingues et monolingues exolingues.

De nombreuses situations exolingues présentent en effet des traces discursives d'une activité d'apprentissage, en particulier sous l'aspect de sollicitation, de transmission et de construction de connaissances linguistiques au sein même de l'interaction (Matthey 1996a). De Pietro, Matthey & Py (1989) proposent la notion de *séquences potentiellement acquisitionnelles* (SPA) pour décrire :

> ces séquences [qui] articulent deux mouvements complémentaires : un mouvement d'autostructuration, par lequel l'apprenant enchaine de son propre chef deux ou plusieurs énoncés, chacun constituant une étape dans la formulation d'un message, et un mouvement d'hétérostructuration, par lequel le natif intervient dans le déroulement du premier mouvement de manière à le prolonger ou à le réorienter vers une norme linguistique qu'il considère comme acceptable (Py 1990 : 83).

La notion de *contrat didactique* est également proposée par de Pietro, Matthey & Py (1989) pour rendre compte des comportements des interactants dans les situations exolingues où alloglottes et natifs endossent clairement les rôles d'apprenant et d'enseignant de la langue de l'interaction.

Toutefois, il est important de souligner que tout alloglotte ne se définit pas forcément comme un apprenant (Mondada & Py 1994) et les situations linguistiques asymétriques ne sont pas forcément des lieux où apparaissent des marques d'une activité cognitive dirigée vers la saisie (*intake*), opérée par l'alloglotte-apprenant, des données linguistiques fournies par le natif (*input*). L'idée de tension acquisitionnelle rend compte de ces deux tendances possibles dans les interactions en situation de contact.

La signification sociale des marques transcodiques.

Dans les situations de contacts linguistiques, les procédés conversationnels mis en oeuvre par les interlocuteurs permettent à la communication de se dérouler. Dans les situations exolingues, les procédés de simplification, de reformulation, d'achèvement interactif facilitent par exemple la compréhension du partenaire faible; dans le parler bilingue, les marques transcodiques permettent de moduler la formulation de manière à remplir diverses fonctions communicatives. Cependant, l'ensemble de ces procédés contribuent en même temps à l'établissement, voire à la confirmation, des relations de places entre les interlocuteurs. Outre leurs fonctions proprement linguistiques, les marques transcodiques sont donc susceptibles de fonctionner comme des *taxèmes* (Kerbrat-Orecchioni 1988 : 186).

Dans une conversation exolingue, par exemple, les corrections proposées par le partenaire fort expriment, et parfois renforcent, la position dominante qu'il occupe déjà dans l'échange en raison de sa maitrise supérieure du code utilisé :

Exemple 10

A les autres gens . euh: . allent . . les autres vont à : . . à une . . à une village
N au . au village
A au village oui . hum . pour danse
(Corpus Bâle)

De même, par les marques transcodiques qu'il introduit lorsqu'il procède à des reformulations intercodiques, le natif accroit son contrôle sur la co-construction du sens par les partenaires et marque en quelque sorte son emprise sur le répertoire verbal de son interlocuteur. Ce phénomène ressort particulièrement bien dans l'exemple prototypique ci-dessous :

Exemple 11 (N= Natif romand; A=alloglotte alémanique)

N la rencontre rencontre...
A la rencontre oui
N la...le mariage mariage et puis première bagarre
A XXX bagage non mariage XXX mière
N bagarre
A ba bagage ... bagarre ah bagage (rire)
N bagarre non bagarre streit ok
A les bagages c'est XXX oui bagarre

(Corpus Bâle-Neuchâtel, « Jeu du mariage » *cf.* note 9)

Le natif, qui occupe déjà une position linguistique forte (la langue de l'interaction est la sienne), renforce ce pouvoir en donnant les équivalents dans la langue de l'apprenant. Ces marques transcodiques renforcent son rôle d'*expert* linguistique dans l'interaction.

Inversément, les demandes de reformulation et les énoncés inachevés du partenaire faible exhibent en quelque sorte sa dépendance. Ainsi dans cet exemple, où l'alloglotte demande l'aide de l'expert et compte sur lui pour combler une lacune lexicale :

Exemple 12 (A=alloglotte ; N=native)

A Et si je dois te dire en sincérité j'essaie de pas traduire. Quelquefois je suis obligée mais j'essaie de donner l'explication sans traduire. (...) parce que on a vu que ces enfants sont pas trauma/comment on dit ont pas reçu de *traumi*

N ah des traumatismes

A des traumatismes si on va leur parler français. moi je suis vraiment sure de ça

(Corpus Neuchâtel)

La plupart des procédés caractéristiques des situations de contacts linguistiques fonctionnent donc comme des *taxèmes*, qui reflètent et induisent des rapports de dominance, linguistique bien sûr, mais qui peuvent aussi exprimer d'autres formes de subordination (économique, politique, sociale).

Dans les situations de communication *bilingues* toutefois, si les marques transcodiques fonctionnent bien comme des taxèmes dans la mesure où elles marquent des rapports de place, elles tendent le plus souvent à connoter l'égalité, l'appartenance commune, ce que Gumperz (1976) a judicieusement nommé le *we-code* (par opposition au *they-code*)

La construction et l'expression de l'identité.

A travers ses choix de langue, à travers les marques transcodiques qu'il utilise, c'est bien son identité — langagière, sociale — que l'individu exprime et (re)construit lors de chaque évènement de communication. En situation de contact de langues, c'est ainsi l'ensemble du comportement langagier qui peut être interprété en termes d'*actes d'identité* par lesquels les interlocuteurs révèlent ou revendiquent leur identité (Le Page & Tabouret-Keller 1985, Lüdi 1995). Celle-ci n'est pas pour nous un simple produit de contraintes et de facteurs externes, elle n'est pas simplement « donnée » : elle constitue plutôt la réponse que les acteurs apportent à ces déterminations.

Les différentes identités que l'individu manifeste par ses choix de langues constituent les facettes d'une seule et même personnalité qu'il réussit parfois à constituer en système. En d'autres termes, les options identitaires ne s'excluent pas mutuellement, mais peuvent alors être interprétées comme des composantes d'une identité complexe (Lüdi 1992). Mais, comme nous le verrons en abordant le domaine des représentations, une telle identité *mixte*, *métisse*, reste souvent difficile à assumer explicitement, quand bien même elle est quotidiennement vécue... Dans d'autres cas, le comportement langagier peut refléter une soumission à des normes dominantes qui s'exprime par le refus ou la gêne d'employer l'un des lectes pourtant disponible dans le répertoire. Ce lecte n'émerge plus alors qu'involontairement, comme *interférence*, *déviance*, *faute*... Dans d'autres cas encore, mais clairement liés à la situation précédente, un lecte minorisé peut au contraire être revendiqué dans le comportement et conduire à un usage intensif, volontaire.

Cette dimension identitaire des marques transcodiques et de l'alternance est largement présente dans notre modèle des contacts de langue (de Pietro *et al.* 1989, Lüdi & Py [Eds] 1995).

L'effet de loupe du modèle.

Ainsi défini et explicité, le modèle 'optimiste' ou 'serein' des contacts de langue s'appuie sur le constat que le monolinguisme n'est qu'un cas particulier du plurilinguisme. Les situations dans lesquelles apparaissent des contacts de langues et dans lesquelles sont impliqués des locuteurs bilingues sont plus nombreuses que celles qui, trop souvent, sont considérées comme la règle, voire comme l'idéal, à savoir les interactions unilingues impliquant des locuteurs monolingues.

La typologie des situations linguistiques que nous avons proposée permet de porter un regard neuf sur la communication en général, en battant en brèche l'idée qu'elle n'est possible que lorsque les interlocuteurs disposent d'un code commun. Les activités de *néocodage*, qui sont très visibles dans la conversation exolingue, ne sont pas absentes de la conversation endolingue : beaucoup de dialogues reposent sur des activités de négociation du sens d'un mot, par exemple. Cependant, le partage du code étant plus large pour les interlocuteurs, ces manifestations ne sont plus constitutives de la situation. En d'autres termes, on peut idéaliser la communication endolingue en faisant *comme si* les interlocuteurs partagaient un même code entièrement précodé, mais en fait il n'en est rien car l'activité même de communication repose sur des processus d'interprétation et de construction interactives d'information[17]. Ces processus impliquent des mouvements d'ajustement constant entre les interlocuteurs, mouvements qui peuvent impliquer des activités de néocodage, de reformulation, de changement de langues, etc. De même, les procédés d'alternance codique permettent d'envisager autrement la question des registres à l'intérieur d'une même langue qui, trop souvent encore, sont perçus comme imperméables.

La description et l'interprétation d'observables linguistiques et conversationnels en situation plurilingue exerce ainsi un *effet de loupe* sur les situations unilingues endolingues et permet de dépasser des notions classiques en linguistique comme celles de *langue*, *parole* ou *code*, notions statiques peu à même de saisir la dynamique — linguistique, sociale, psychique — des langues et du langage (Py 1980, Matthey 1995).

6. Intégrer d'autres points de vue : les représentations.

Nous n'avons jusqu'à maintenant envisagé le modèle qu'à travers le prisme de l'étude de l'interaction, avec les ancrages

---

17. *Cf.* la notion d'*idéalisation pratique* utilisée par les ethnométhodologues (Bange 1983).

ethnométhodologiques qu'une telle étude présuppose. Cette entrée n'est toutefois pas suffisante dans la perspective plus générale d'une anthropologie de la communication. La volonté de systématiser l'étude des contacts de langues en attribuant différents niveaux de signification aux observables linguistiques de l'interaction amène ainsi de Pietro (1988a) à distinguer quatre perspectives explicatives, qui s'inscrivent toutes dans le domaine des sciences du langage mais dans des champs différents. Il s'agit respectivement des perspectives *systémique* (contacts entre langues envisagés par le biais de l'analyse contrastive des langues source et cible, mais aussi analyse du diasystème entre langue source et langue cible et du *parler bilingue*), *sociolinguistique* (*cf.* ci-dessus les *taxèmes*), *psycholinguistique* (problématique de l'acquisition, analyse de l'interlangue) et, finalement, *interactionniste* (le traitement conversationnel, par les interlocuteurs, des marques transcodiques).

Dans le cadre d'interactions exolingues définies par un contrat didactique, Matthey (1996a) tente également de systématiser l'étude des observables linguistiques et conversationnels de l'interaction en utilisant comme grille d'analyse la théorie des niveaux d'explication en psychologie sociale proposée par W. Doise[18] . Quatre niveaux d'analyse de l'interaction sont successi-

18. Doise (1980), faisant une typologie des articles parus dans *The European Journal of Social Psychology*, constate que les travaux recensés proposent quatre types d'explication des phénomènes sociaux : certains prennent comme objet l'individu considéré comme un organisme intégrateur et organisateur d'information (niveau 1) ; d'autres travaux prennent en compte la dynamique

vement envisagés : le niveau 1 traite des aspects d'ordre cognitif liés au traitement des données de la langue cible par l'apprenant ; le niveau 2 rend compte des aspects interpersonnels de l'interaction ; le niveau 3 thématise les aspects liés aux *statuts* des interactants ; et le niveau 4 envisage les représentations linguistiques apparaissant dans le discours.

Ce dernier niveau d'analyse fait intégralement partie de la réflexion sociolinguistique depuis que les travaux de Labov (1976) ont attiré l'attention des linguistes sur le fait que les représentations de la langue n'étaient pas un simple reflet des pratiques linguistiques réelles. Dans nos travaux, la nécessité de coupler l'analyse des pratiques et celle des représentations a toujours été un des objectifs théoriques associés soit à la problématique des contacts de langues et du bilinguisme (Lüdi & Py 1986, Franceschini *et al.* 1989, Franceschini & Matthey 1989, Py 1993b, Oesch-Serra 1995), soit à l'acquisition des langues (Berthoud 1982, Py 1995, Matthey 1996a, Matthey (Ed) 1997.

Cette ouverture sur le domaine des *représentations* élargit considérablement les objets d'étude en intégrant les notions connexes d'*attitude* et de *stéréotype*. Ces notions ont été appréhendées soit à travers l'analyse de discours (discours des médias et

des processus interindividuels (niveau 2) ; d'autres encore font intervenir dans l'explication les notions de statut ou de position sociale des individus (niveau 3) ; et, finalement, un quatrième type de travaux étudie les représentations induites par des croyances idéologiques et les préconstruits culturels (niveau 4) (*cf.* aussi Doise 1983).

des migrants sur les contacts de langues) soit à travers des questionnaires d'attestation et d'acceptabilité de formes linguistiques (Lüdi, Py *et al.* 1995). Nous synthétisons brièvement ci-dessous les principaux apports de ces recherches dans la question des contacts entre Suisses alémaniques et romands.

Le mélange des langues : discours sur l'abâtardissement.

Les contacts fréquents entre les différentes régions linguistiques entrainent la présence de *variantes de contacts* dans les différents lectes francophones et germanophones. Ces marques transcodiques pérénisées sont constituées la plupart du temps par des lexèmes, beaucoup plus rarement par des tournures syntaxiques. On relèvera, à titre d'exemples, pour le français de suisse romande *poutser* (nettoyer < all. *putzen*), *catelle* (carreau de faïence < dialecte al. *chachel*), *attendre* ***sur*** *quelqu'un* (all. *warten auf*) et pour l'allemand de Suisse alémanique *merci* (en concurrence avec *danke*) ou *bigoudi* (nettement préféré à sa variante standard *Lockenwickel*). Ces variantes constituent les traces linguistiques du contact entre deux langues et deux cultures et comme le remarque Knecht (1985 : 162), c'est l'absence de traces de ce genre qui serait étonnante, voire inquiétante dans un contexte tel la Suisse, marqué par de très nombreux contacts entre les différentes communautés linguistiques !

L'identité linguistique des locuteurs suisses romands est cependant très marquée par la crainte des germanismes : ce qui est ressenti comme non conforme à la norme standard est souvent automatiquement attribué à l'influence de l'allemand, même lorsque ce n'est pas le cas. Ainsi, les régionalismes endogènes (archaïsmes du français ou survivances des patois) et les variantes non standard communes aux régions francophones sont souvent intégrés dans la méga-catégorie « germanismes » (Knecht *in* Schläpfer (Dir) 1985, de Pietro & Matthey 1993, de Pietro 1995, Martinoli 1997). Certains écrits politiques évoquent également la *corruption* du français par l'allemand (par exemple Gressot *et al.* 1947[19], dans le contexte du combat politique qui a abouti à l'autonomie d'une partie du Jura auparavant bernois), soit l'*asphyxie* de l'identité romande francophone par une identité suisse à dominante germanophone (combat du Mouvement romand (né dans les années soixante) pour une « Suisse française autonome », Berthoud 1994).

Or, les caractéristiques des lectes de contact, qui apparaissent soit dans le cadre du discours des migrants (Lüdi & Py 1986, Alber & Oesch-Serra 1987) soit dans certaines expressions des langues régionales de Suisse ne représentent selon nous ni une menace pour l'identité des locuteurs, ni un abâtardissement des langues en présence : ils constituent une trace linguistique des rencontres entre locuteurs utilisant des langues différentes et ils sont la manifestation – plus ou moins revendiquée, plus ou moins assumée, mais normale – d'une identité plurielle de la personne, voire de la communauté.

---

19. « Dans les villages, une forte minorité de gens parlant allemand est déjà, en soi, un élément de corruption de notre langue » (Gressot *et al.* 1947 : 52).

Stéréotypes et changement

C'est avant tout dans le contexte de la migration que nous avons étudié les contacts de langues. Dans les discours produits par les migrants eux-mêmes apparaissent non seulement des représentations linguistiques à propos des lectes de contact, mais aussi de nombreux stéréotypes sur les régions d'accueil et d'origine ainsi que sur leurs habitants. Les situations de migration sont idéales pour étudier la mobilisation et le changement de ces stéréotypes.

En situation de migration, en effet, les grilles d'analyse du réel construites par les individus perdent de leur validité, dans la mesure où la migration constitue une rupture avec l'univers, familier de la région d'origine (Franceschini, Oesch-Serra & Py 1990). Face à la réalité qu'il découvre dans la région d'accueil, là où il aurait justement besoin de repères qui l'aident à appréhender sa nouvelle situation, le migrant se voit ainsi confronté à des cadres interprétatifs qui se basent encore sur ceux développés antérieurement, mais qui doivent pourtant faire place à de nouveaux éléments. Le discours constitue à nouveau un des lieux où se matérialisent les changements en cours. C'est effectivement en expliquant, en rationalisant, en explicitant certains aspects de sa nouvelle réalité *pour un destinataire* (par exemple le chercheur qui réalise l'entretien) que s'élabore peu à peu la représentation de cette réalité. Dans ce processus, le stéréotype joue un rôle important de *prêt-à-penser* (Amossy 1991), et va souvent devenir un point d'ancrage par rapport auquel on se situe, soit en le prenant en charge énonciativement (*Les Suisses allemands c'est des gründlich, des bosseurs, il faut le reconnaitre)*, soit en s'en distançant (*Au début, j'étais très sceptique par rapport aux Romands, à cause de l'image qu'on en a: des « je m'en foutistes »...)*.

Oesch-Serra (1995) montre que les stéréotypes se modifient de deux manières. Ou bien leur contenu change : par exemple, une migrante suisse alémanique parle de ses débuts à Neuchâtel, où elle s'attendait à trouver les autochtones sympathiques, ouverts et pleins d'humour, conformément au stéréotype alémanique *les Romands sont 'légers'* ; Mais il s'avère que *les Neuchâtelois sont exactement comme les Bernois* (implicitement : renfermés, pas très ouverts et pas très drôles!). Ou bien l'ensemble des objets auxquels s'applique le stéréotype subit une modification : *quand on parle le bon allemand* [et non le dialecte] *à Bâle, dans un magasin ou dans la rue, les gens ne vous regardent pas avec des yeux comme ça, comme c'est le cas à Appenzell Rhode Intérieur ou bien Dieu sait où en Suisse allemande*. Ainsi, le stéréotype *Les Suisses alémaniques ne veulent parler que le dialecte et savent de moins en moins l'allemand* reste valide mais Bâle ne semble plus vraiment faire partie de la Suisse alémanique pour cette migrante! Il y a donc modification de l'objet par déplacement du référent.

Les contacts de langues vus par les médias.

Dans la question des contacts de langues, les médias constituent une instance énonciative particulière, dans la mesure où, justement, la prise en charge du discours est pratiquement niée : mis à part les éditoriaux où les journalistes expriment leur opinion, les articles de journaux se doivent d'être 'objectifs'. Ce faisant, la presse participe à la construction d'un savoir général sur les contacts de langues en Suisse, savoir légitimé par une « on-vérité ».

Quiroga-Blaser (1989) montre que dans la presse romande, à certaines occasions, le vocabulaire militaire est largement utilisé pour parler des questions linguistiques en Suisse. Elle relève dans son étude des lexèmes assez significatifs comme *désarmer*, *torpiller*, *saboter*, *miner*, *combat*, *croisade*, *artillerie*, *assaut*, etc. Franceschini (1995) constate par ailleurs que les connaissances des journalistes sur la situation des langues en Suisse sont très superficielles et qu'il existe une volonté polémique (du côté des Romands) face à une indifférence légèrement condescendante (du côté des Alémaniques). La presse est parfois accusée de creuser davantage le *röstigraben* (ou *rideau de röstis*) entre la Suisse romande et la Suisse alémanique (Brohy 1997), bien qu'elle s'en défende (Lietti, sous presse).

Les représentations du contact des langues exprimées dans le discours des migrants ou dans les médias sont souvent connotées péjorativement, alors que la réalité linguistique de beaucoup de locuteurs est pourtant constituée d'un certain nombre de lectes de contact. Notre modèle apporte des arguments pour la légitimation de ces lectes, en leur conférant une fonction — identitaire — et, de ce fait, en intégrant positivement la notion de *métissage*. Dans ce sens, notre modèle comporte bien un aspect *interventioniste* : il tend à promouvoir la reconnaissance des pratiques bilingues.

7. Le conflit dans un modèle consensuel...

La notion de « conflit » n'est en aucune façon exclue de notre modèle interactionniste et microlinguistique attaché à décrire la communication plurilingue. Toutefois, nous n'entendons pas ce terme de *conflit*, voire ceux de *dominance* ou de *minorité*, exactement de la même manière que ne le fait, par exemple, Boyer (1991 : 93) lorsqu'il dit : « (...) il ne saurait être question de coexistence équilibrée entre deux langues concurrentes. S'il y a bien coexistence, c'est une coexistence problématique entre une *langue dominante* (...) et une *langue dominée* (...). Et dans un contexte de domination, il y a forcément déséquilibre et instabilité, il y a forcément *conflit* et *dilemme*. ». Pour nous, qui envisageons la coexistence des langues au sein d'échanges conversationnels, le conflit est un phénomène interactif parmi d'autres, de nature diverse, qui nous intéresse dans la mesure où il trouve une expression langagière dans la communication; autrement dit, ce phénomène met en jeu les langues en contact et il influence ces contacts, voire le statut des langues elles-mêmes, mais il est d'abord un phénomène concernant des acteurs sociaux et non des langues en tant que telles.

Taxèmes et dominance dans l'interaction.

Le plus souvent, les situations de communication qui mettent en jeu plusieurs langues nous semblent plutôt caractérisées par une coopération accrue des interlocuteurs (de Pietro 1988b).

Toutefois, les procédés communicatifs, dont nous avons vu qu'ils pouvaient fonctionner comme des *taxèmes*, constituent une première manifestation de la dimension conflictuelle des contacts de langues. Rubi (1988) a mis en évidence par exemple des comportements langagiers qui pouvaient conduire à une véritable *excommunication*[20] de l'un des interlocuteurs. De même, il arrive parfois qu'on abuse de ces procédés à tel point que leurs effets taxématiques l'emportent sur leurs vertus communicatives, ainsi que le pratique Tintin, au Congo, et que le décrit si bien Valdman à propos des simplifications : « le français simplifié le plus marqué s'emploie à l'intention d'alloglottes appartenant à des groupes considérés socialement inférieurs ou moins civilisés (...), son usage est teinté de dépréciation et de condescendance » (1977 : 127). Un même processus est à l'œuvre lorsqu'on refuse a priori de comprendre celui qui parle l'autre langue, lorsqu'on accepte un climat général d'incompréhension, ou lorsqu'on adopte un comportement exagérément normatif...

Or ces processus ne sont-ils pas ceux-là mêmes qu'on observe dans les situations de contact marquées par le conflit? Lorsqu'un groupe entier abuse du pouvoir et du capital symbolique que lui procure une langue et use de ces procédés pour dénier à l'autre le droit de parler une autre langue, un autre lecte ? Les conflits microlinguistiques se répercutent alors tout naturellement sur les représentations et les attitudes du groupe

20. Voir aussi Armengaud 1981.

minoré, aboutissant à ce qu'on entend habituellement par l'idée de conflit diglossique.

Des difficultés d'une identité langagière métisse.

Comme nous l'avons vu, les marques transcodiques qu'on observe dans le parler bilingue représentent généralement des taxèmes d'identité exprimant l'appartenance des interlocuteurs à une même communauté bilingue. Mais il est des cas où elles fonctionnent plutôt comme marque de dénégation, lorsqu'elles sont corrigées, ou refusées. Dans l'exemple ci-dessous (emprunté à Alber & Oesch-Serra 1987, 35), l'une des informatrices (Fe) s'achoppe sur l'interférence dont le mot [skiare] est entaché et — sans tenir compte de la question qui lui a été adressée, quand bien même elle la comprend assurément — corrige, devant l'enquêteur (E), la forme utilisée par sa mère (M) ; et la mère se soumet à cette injonction normative en corrigeant la forme jugée fautive...

Exemple 13
E e lei signora? [ʃiare] no?
M no . . . i bambini si
E loro si
M si loro vanno a [skiare] a dove sono andate quest'anno?
Fe a [ʃiare] (rires)
M a [ʃiare]
(Corpus Bâle-Neuchâtel)

Remarquons que ce n'est pas ici l'une ou l'autre langue qui fait l'objet des commentaires de l'informatrice mais bien le mélange des langues, en tant qu'expression métissée, impure.

Toutefois, ce rejet contribue largement à accréditer l'interprétation des marques transcodiques en termes d'incompétence ou, pour le moins, de difficulté d'accès lexical, qui supposerait à terme le recul et la disparition de l'une des langues. Kielhöfer souligne que ce type de changement de langue — le « mauvais » — est refusé et suscite un sentiment de culpabilité, même dans une famille où les enfants reçoivent une éducation bilingue : « Le mélange est stigmatisé comme désordre » (Kielhöfer 1987 : 151) .

Les alternances de code peuvent assurément servir à combler de telles lacunes lexicales (de Pietro *et al.* 1985 ; Alber & Oesch-Serra 1987), mais, d'une part, ce n'est pas leur fonction principale et, d'autre part, les locuteurs unilingues disposent eux aussi d'un répertoire lexical incomplet, inégal, variable (Lüdi &Py 1986 : 147)!

De même, chez des locuteurs en contact régulier avec une autre langue, certains comportements dans l'une des langues peuvent certes exprimer une restructuration profonde et durable du système. Par exemple, le correspondant en Suisse alémanique d'un journal romand qui écrit : « il figure dans un dossier que Mme X était présente à (...) » recourt à une construction impersonnelle probablement influencée par l'allemand. C'est bien ici la langue qui est touchée. Mais l'influence porte sur une construction qui, si elle est réputée lourde, existe bel et bien dans le système du français. A ce niveau linguistique, le conflit apparait par conséquent bien dérisoire. Mais, de par les mouvements de culpabilisation, de dénégation de soi, qui peuvent être intériorisés par les acteurs qui vivent le cocntact des langues, le conflit peut s'avérer bien plus important au niveau des individus (voire au niveau de communautés tout entières lorsque ces mouvements conduisent à des représentations partagées, à des autostéréotypes dévalorisants). Il peut, le cas échéant, déboucher sur une crise identitaire, particulièrement chez les migrants (Lüdi 1995 : 242) mais aussi dans des communautés linguistiques minoritaires comme celle des Romands (de Pietro 1995).

L'*insécurité linguistique* (Francard (Ed) 1993) apparait comme l'expression la plus frappante de ce processus conflictuel au niveau des représentations. Le conflit identitaire peut aussi trouver une expression langagière dans l'interaction, par exemple dans un emploi équivoque des pronoms personnels, lorsqu'une Romande installée en Suisse alémanique recourt — alors même qu'elle nous parle de son identité — parfois à un *ils*, parfois à un *nous* pour référer aux habitants de sa région d'origine (Lüdi & Py (Eds) 1995 : 242, de Pietro *et al.* 1989-1990 : 110) !

Les brefs exemples ci-dessus montrent qu'une approche microlinguistique et interactioniste est à même de saisir certains aspects conflictuels à l'oeuvre dans les situations de contacts linguistiques: relations de dominance entre interlocuteurs, minorisation d'une langue chez certains locuteurs, conflits identitaires qui lui sont liés, etc. Toutefois, il est vrai que ce n'est pas sur ces aspects que nous avons généralement le plus insisté. Kerbrat-Orecchioni décèle dans ce choix une question idéologique : distinguant deux conceptions opposées du dialogue, la première

— celle des pessimistes de la communication — dysphorique, belliciste et compétitive, et la seconde — des optimistes —, euphorique et consensuelle, elle estime :

> (...) que dans toute interaction coexistent, avec des dosages variables, une composante « agonale », et une composante « irénique », mais que la coopération est logiquement supérieure au conflit (...), le conflit étant « marqué » par rapport à la coopération qu'il présuppose unilatéralement. Il n'empêche que cette composante agonale existe, puisque on la rencontre à chaque détour des échanges quotidiens (...). Kerbrat-Orecchioni (1988 : 195-196).

Loin de nier les composantes agonales, notre approche permet justement de comprendre un peu mieux les liens qui unissent les pratiques langagières quotidiennes et les situations macrosociolinguistiques observées. Dans son introduction à un colloque sur « Minorisation linguistique et interaction », Py distingue ainsi entre *minorité* et *minorisation*, et envisage ce dernier concept comme plus dynamique et opératoire :

> On peut en effet se demander si la minorisation est un épiphénomène, un comportement qui prend appui sur une situation sociale caractérisée par la mise en contact de groupes respectivement majoritaire et minoritaire, ou si — au contraire — c'est l'addition de comportements particuliers minorisants qui crée des groupes asymétriques (Py 1989 : 6).

Py souligne à cet égard, comme le montrent d'ailleurs différentes contributions au colloque (Simonin 1989, Alber 1989), qu'il semble y avoir « indépendance *relative* (nos italiques) entre minorisation interactionnelle et minorité sociale, économique ou culturelle »... (p. 6).

8. Conclusion : conflit et/ou consensus, une construction interactive de la réalité sociale.

Arrivés au terme de cette présentation, nous pouvons tenter de préciser en quoi notre modèle se distingue vraiment d'autres modèles plus axés sur les dimensions conflictuelles des contacts de langues. Outre les différences liées au contexte (politique, social, économique) dans lequel chaque théorisation est élaborée, l'opposition porte essentiellement selon nous sur deux points, le premier de nature à la fois méthodologique, théorique et épistémologique, le second de nature plutôt idéologique.

Du langage à la société, ou l'inverse...

Notre approche part des interactions concrètes entre individus pour aller vers une compréhension plus générale, en fonction du cadre théorique qui guide l'interprétation. C'est d'abord dans les activités quotidiennes des acteurs que se construisent les accords et les conflits, au travers même des comportements mis en œuvre. Et ce sont ces comportements, répétés, intériorisés, qui se retrouvent alors dans les représentations des acteurs. Inversément, ces représentations — en partie élaborées dans le flux des interactions, en partie véhiculées et transmises par le discours ambiant — influent à leur tour sur le comportement mis en œuvre dans les interactions quotidiennes. Il peut d'ailleurs y avoir décalage entre ces deux niveaux.

Les modèles conflictuels, en revanche, posent la notion de conflit comme une donnée (historique, politique) qui se répercute chez les individus. Ceux-ci subissent des déterminations extérieures, par rapport auxquelles ils ne peuvent réagir qu'en se soumettant ou en luttant.

En fait, idéalement, les deux approches devraient parvenir à des résultats largement semblables si elles étaient appliquées à un même contexte. Ainsi, nous devrions, par notre approche, pouvoir montrer qu'en situation de dominance et de répression marquées les modalités d'interaction *expriment* le conflit. C'est pour cette raison qu'il ne nous semble pas nécessaire de poser *a priori* une dimension conflictuelle aux situations de contacts linguistiques. Toutefois, la démonstration reste à faire...

De l'idéalisation monolingue à l'idéologie plurilingue.

Dans notre optique, le modèle conflictuel apparait en fait comme un exemple d'idéologie monolingue, elle-même confortée par l'idée d'état-nation. Notre modèle, par contre, est un exemple d'idéologie bilingue, marquée par l'idée de l'avènement d'une société urbaine et pluriculturelle. Nous pensons en effet qu'une société plurilingue est possible, et même qu'elle est souhaitable. Certains exemples le démontrent. Mais nous savons aussi que les contre-exemples sont nombreux! En fait, une telle société, plurilingue et pluriculturelle, n'est réellement possible que dans la mesure où les conflits langagiers — souvent liés, rappelons-le, à d'autres dimensions conflictuelles dans la société — qui émergent dans les interactions quotidiennes ne sont pas occultés, ne sont pas traités par la force, mais font l'objet d'un débat, d'une *politique linguistique* où ils sont ouvertement discutés.

Cela étant, notre modèle pourrait aussi apparaitre comme un avatar du *modèle néo-libéral*, dominant actuellement dans les sciences humaines (Froidevaux, 1997). Il attribue effectivement à l'individu une latitude d'action importante et considère les déterminismes socio-économiques comme une donnée parmi d'autres de la construction de la réalité. Nous croyons toutefois échapper à une telle critique pas dans la mesure où notre modèle peut tout à fait prendre en compte des déterminismes socio-économiques lorsque, par exemple, dominance sociale et aliénation se rejoignent et engendrent des formes de comportements linguistiques minorées et dénigrées.

Mais l'aliénation ne consiste-t-elle pas aussi à refuser toute légitimité au bilinguisme, vécu quotidiennement par une large part des populations, migrantes en particulier? Et n'y a-t-il pas, également, une part de fantasme à vouloir défendre une langue minoritaire en postulant une aliénation collective de la communauté, alors que beaucoup de locuteurs ne ressentent pas cette aliénation et que les faits linguistiques observables démentent les discours alarmistes — comme c'est le cas, par exemple, pour le français en Suisse romande, langue opprimée et menacée selon certains, alors que le dernier recensement fédéral montre qu'il est le seul parmi les langues nationales à voir la proportion de ses locuteurs augmenter...

En refusant d'entrer a priori dans une vision conflictuelle des contacts de langues, nous correspondons bien à l'image stéréotypée du consensus helvétique. Finalement, peut-être sommes-nous, en tant que membres de la communauté francophone

– minoritaire – de Suisse, victimes d'un aveuglement propre au fonctionnement de l'idéologie en général (l'idéologie induit la méconnaissance de sa propre visée d'assujestissement, relevait Althusser), à ce que Lafont nomme le « fonctionnement diglossique comme idéologie de l'effacement » (Lafont 1979 : 105) ?... Nous ne le pensons pas. D'une part, nous avons souligné à diverses reprises l'indépendance *relative* des conflits socio-économiques et linguistiques. Une large part des tensions en Suisse reposent sur les inégalités socio-économiques entre les régions linguistiques, mais aussi entre villes et campagnes ou entre hommes et femmes... Les *questions linguistiques* tendent parfois à cristalliser ces tensions, mais elles n'en sont en fait ni l'origine ni l'aboutissement. D'autre part, c'est l'usager que nous voulons défendre, sa liberté d'utiliser les idiomes de son choix, et non les langues en tant que patrimoine ou trésor de la communauté[21].

C'est cela qui nous conduit à défendre la légitimité du parler bilingue et, dans les zones de frontières linguistiques, celle des lectes de contact qui sont les traces d'un véritable *savoir-faire intercommunautaire* (Windisch, Froidevaux *et al.* 1992).

---

21. P. Encrevé résume ainsi cette attitude à l'égard des langues : « Il me semble qu'en matière de langue, comme dans les autres matières, le gouvernement ne doit jamais perdre de vue que l'impératif premier qui s'impose à lui est, conformément à la Déclaration des droits de l'homme et du citoyen, qui est inscrite dans la Constitution, d'assurer l'égalité des citoyens et la totale liberté de leur expression. La première qualité de la parole d'un citoyen dans un pays démocratique, c'est qu'elle est libre » (1995 : 369).

Est-il possible de défendre l'ouverture interculturelle et le mélange des populations sans accepter en conséquence que les langues, elles aussi, deviennent métisses?

Bibliographie :

Alber J.L. (1989), « Les processus de construction/interprétation de l'information interactive en situation de minorisation socio-culturelle : le cas d'une consultation médecin zorey (métropolitain)-patient créole à La Réunion », in B. Py & R. Jeanneret (Eds) *op. cit.*, 39-50.

Alber J.L. et Py B. (1985), « Interlangue et conversation exolingue », *Cahiers du Département des langues et des sciences du langage*, 1, Université de Lausanne, 0-47.

Alber J.-L. et Py B (1986), « Vers un modèle exolingue de la communication interculturelle : interparole, coopération et conversation », *Etudes de linguistique appliquée*, 61, 78-90.

Alber J.L. et Oesch-Serra C. (1987), « Aspects fonctionnels des marques transcodiques et dynamique d'interaction en situation d'enquête », in G. Lüdi (Ed.) *op. cit.*, 23-54.

Amossy R. (1991), *Les idées reçues, sémiologie du stéréotype.* Paris, Nathan.

Armengaud F. (1981), « L'impertinence communicative ou comment annuler la parole d'autrui », *Degrés* 26-27, 1-32.

BABYLONIA No1 (1995), *Altre lingue in Svizzera.* Atti del III incontro di Ascona sul plurilinguismo, Comano, Fondazione Lingue e Culture.

Bange P. (1983), « Point de vue sur l'analyse conversationnelle », *DRLAV*, 29, 1-28.

Bange P. (1992), « A propos de la communication et de l'apprentissage en L2, notamment dans ses formes institutionnelles », *Aile*, 1, 53-85.

Berruto G. (1980), *Appunti sull'italiano regionale ticinese.* Bellinzona, Dipartimento delle pubblica educazione.

Berthoud E. (1995), *Les monts Athos de la francophonie. Essai sur l'éveil de la Suisse française.* Neuchâtel, Eric Berthoud Editeur.

Bianconi S. (1980), *Lingua matrigna. Italiano e dialetto nelle Svizzera italiana.* Bologna, Il Mulino.

Boyer H. (1990), « Matériaux pour une approche des représentations sociolinguistiques. Eléments de définition et parcours documentaire en diglossie », *Langue française*, 85, 102-124

Boyer H. (1991), *Eléments de sociolinguistique. Langue, communication et société.* Paris, Dunod.

Boyer H. (1997), « Le traitement du plurilinguisme par la sociolinguistique catalane et occitane », in M. Matthey (Ed.), *op. cit.*

Brohy C. (1997), « Prendre les images au mot : caricatures de presse évoquant le plurilinguisme en Suisse », in M. Matthey (Ed.), *op. cit.*

Caccia F. (1997), « Point de vue d'un homme politique... », in M. Matthey (1997), *op. cit.*

Dausendschön-Gay U. et Krafft U. (1991), « Rôle et faces conversationnels. A propos de la figuration en situation de contact », in Russier, C. *et al.* (Eds.), *Interactions en langue étrangère.* Aix-en-Provence, Publications de l'Université de Provence. (Actes du VIIème Colloque International « Acquisition d'une langue étrangère : perspectives et recherches », La Baume-lès-Aix, automne 1989), 37-48.

Dausendschön-Gay U. et Krafft U. (1993), « La séquence analytique », *Bulletin CILA*, 57, 137-157.

Del Coso-Calame F., De Pietro J.F. et Oesch-Serra C. (1986), « La compétence de communication bilingue. Etude fonctionnelle des code-switchings dans le discours des migrants espagnols et italiens à Neuchâtel (Suisse) », in E. Gülich & T. Kotschi [Eds], *Grammatik, Konversation, Interaktion.* Tübingen, Niemeyer, 377-398.

De Pietro J.F. (1988 a), « Vers une typologie des situations de contacts linguistiques », *Langage et Société*, 43, 65-89.

De Pietro J.F. (1988 b), « Conversations exolingues: Une approche linguistique des interactions interculturelles », in J. Cosnier *et al.* (Eds), *Echanges sur la conversation.* Paris, Editions du CNRS, 251-267.

De Pietro J.F. (1995), « Francophone ou Romand? Qualité de la langue et identité linguistique en situation minoritaire », in J.M. Eloy

(Ed.), *La qualité de la langue? le cas du français*, Paris, Champion, 223-250.

De Pietro J.F., Lüdi G. et Papaloïzos L. (1989), « Une communauté francophone en milieu germanophone. Identité linguistique et réseaux de sociabilité dans la ville de Bâle », *Langage et Société*, 50-51, décembre 1989-mars 1990, 93-115.

De Pietro J.-F., Matthey M. et Py B. (1989), « Acquisition et contrat didactique : les séquences potentiellement acquisitionnelles de la conversation exolingue », in D. Weil.& H. Fugier (Eds), *Actes du troisième colloque régional de linguistique*. Strasbourg, Université des sciences humaines et Université Louis Pasteur, 99-124.

De Pietro J.F. et Matthey M. (1993), « Entre insécurité et identité linguistique : le cas du français à Neuchâtel (Suisse) », in M. Francard (Ed.), *op. cit.*, 121-136.

Doise W. (1980), « Levels of explanation in the Europeans Journal of Psychology », *European Journal of Social Psychology,* Vol. 10, 213-231.

Doise W. (1983), « Tensions et niveaux d'analyse en psychologie sociale expérimentale », *Connexion*, 42, 57-71.

Encrevé P. (1995), « La « qualité de la langue » : une question de politique linguistique? », in J.M. Eloy (Ed.), *La qualité de la langue? le cas du français*, Paris, Champion, 367 - 378.

ESF (1990 a), ESF Network on Code-switching and Language Contact : Papers for the workshop on concepts, methodology and data. Basel, 12-13 January 1990, Strasbourg, European Science Foundation.

ESF (1990 b), ESF Network on Code-switching and Language Contact: Papers for the workshop on constraints, conditions and models. London, 27-29 September 1990. Strasbourg, European Science Foundation.

ESF (1990 c), ESF Network on Code-switching and Language Contact : Papers for the workshop on impact and consequences : broader considerations. Brussels, 22-24 November 1990. Strasbourg, European Science Foundation.

ESF (1991), ESF Network on Code-switching and Language Contact : Papers for the symposium on code-switching in bilingual studies : Theory, significance and perspectives. Barcelona, 21-23 March 1991. Strasbourg, European Science Foundation.

Ferguson C.A. (1959), « Diglossia », *Word*, 15, 325-340.

Fishman J.A. (1971), *Sociolinguistique*, Bruxelles, Paris, Labor ; Nathan.

Francard M. éd. (1993), *L'insécurité linguistique dans les communautés francophones périphériques.* Louvain-la Neuve, Cahiers de l'Institut de linguistique de Louvain 19/3-4, Vol. I.

Franceschini R. (1995), « Le contexte de la migration », in G. Lüdi & B. Py *et al.*, *op. cit.*, 29-63

Franceschini R. (1996), « De quelques scénarios plurilingues en Suisse », in *L'état des langues en Suisse*, Neuchâtel, IRDP (Regards 96.302), 9-29.

Franceschini R. et Matthey M. (1989), « Migration interne en Suisse : premiers constats et hypothèses », in B. Py & R. Jeanneret (Eds), *op. cit.*, 97-108.

Franceschini R., Oesch-Serra C. et Py B. (1989), « Contacts de langues en Suisse: Ruptures et reconstructions discursives du sens en situation de migration », *Langage et Société*, 50-51, décembre 1989-mars 1990, 117-131.

Froidevaux D. (1996), « L'article 116 de la Constitution fédérale et la politique suisse », in *L'état des langues en Suisse*, Neuchâtel, IRDP (Regards 96.302), 41-49.

Froidevaux D. (1997), « Contacts de langues et politique suisse », *in* M. Matthey (Ed.), *op. cit.*

Furer J.J. (1981), *La mort dil romontsch / La mort du romanche.* Coire, RRR.

Goffman E. (1974), *Les rites d'interaction.* Paris, Minuit (traduit de l'anglais par A. Kihm).

Gressot J., *et al.* (1947), *Comment on germanise le Jura.* Cahier spécial de la « Cité Nouvelle ».

Gretler A., Gurny R., Perret-Clermont A.N. et Poglia E. éds. (1981), *Etre migrant.* Berne, Lang.

Grice H.P. (1979), « Logique et conversation », *Communications*, 30, 57-72.

Grin F. (1995), « La valeur des compétences linguistiques : vers une perspective économique », Babylonia, 2, 59-65.

Grin F. (à paraître), *Langue et différentiels de statut socio-économique en Suisse.* Rapport pour l'Office fédéral de la statistique, Berne.

Grosjean F. (1984), *Life with two Languages : An Introduction to Bilingualism.* Cambridge/London, Harvard University Press.

Grosjean F.et Py B. (1991), « La restructuration d'une première langue: l'intégration de variantes de contact dans la compétence de migrants bilingues », *La Linguistique*, 27, 2, 35-60.

Gülich E. (1986), « L'organisation conversationnelle des énoncés inachevés et leur achèvement interactif en situation de contact », *DRLAV*, 34-35, 161-182.

Gülich E. (1991), « Pour une ethnométhodologie linguistique. Description de séquences conversationnelles explicatives », in U. Dausendschön-Gay, E. Gülich & U. Krafft (Eds.), *Linguistische Interaktionsanalysen.* Tübingen, Niemeyer, 325-364.

Gumperz J.J. (1972), « The communicative Competence of Bilinguals: some Hypothesis and Suggestions for Research », *Language and Society* Vol. 1, No 1, 143-154.

Gumperz J.J. (1976), « The Sociolinguistic Signifiance of Conversational Code-Switching », in H. Cook-Gumperez & J. J. Gumperz (Eds), *Papers on Language and Context*, Working papers, 46, Berkeley.

Kerbrat-Orecchioni C. (1988), « La notion de « place » interactionnelle ou Les taxèmes, qu'est-ce que c'est que ça? », in J. Cosnier *et al.* (Eds), *Echanges sur la conversation.* Paris, Editions du CNRS,185-198.

Kielhöfer B. (1987), « Le « bon » changement de langue et le « mauvais » mélange de langues, in G. Lüdi (Ed.) (1987), *op. cit.*, 135-155.

Klinkenberg J.M. (1995), « Pour une politique de la langue française », *La Revue Nouvelle*, 54 - 71.

Knecht P. (1979), « Le français en Suisse romande. Aspects linguistiques et sociolinguistiques », in A. Valdman [Ed.], *Le français hors de France.* Paris, Honoré Champion, 249 - 258.

Knecht P. (1985), »La Suisse romande », in R. Schläpfer [Ed.], *La Suisse aux quatre langues.* Genève, Zoé, 125-169.

Labov W. (1976), *Sociolinguistique*, Paris, Editions de Minuit.

Lafont R. (1979), « La diglossie en pays occitan ou le réel occulté », in R. Kloepfer [Ed.], *Bildung und Ausbildung in der Romania 2 : Sprachwissenschaft und Landeskunde*, München, Fink, 504 - 512.

Le Page R.B. et Tabouret-Keller A. (1985), *Acts of Identity*. Cambridge, Cambridge University Press.

Lietti A. (1997), « Le rôle des médias dans une situation de contacts de langues », in M. Matthey (Ed.), *op. cit.*

Lüdi G. (1982), « Comment on dit ça? » Prolégomènes à une étude de la composante sémantique du langage des migrants », *TRANEL*, 4, 21-46.

Lüdi G. (1986), « Forms and functions of bilingual speech in pluricultural migrant communities in Switzerland », in J.A. Fishman *et al.* (Eds), *The Fergusonian impact*. vol 2 : Sociolinguistics and the Sociology of Language, Berlin, etc. Mouton de Gruyter, 217-236.

Lüdi G. éd. (1987), *Devenir bilingue-parler bilingue*. Tübingen, Niemeyer.

Lüdi G. (1989), « Aspects de la conversation exolingue entre Suisses romands et alémaniques », in D. Kremer (Ed.), *Actes du XVIIIe Congrès International de Linguistique et de Philologie Romanes*. Université de Trève (Trier), 1986, Tome VII. Tübingen : Max Niemeyer Verlag, 405-424.

Lüdi G. (1990 a), « Diglossie et polyglossie », in G. Holtus, M. Metzeltin & Ch. Schmitt (Eds) *Lexikon der Romanistischen Linguistik*, tome V/1, Tübingen, 307-334.

Lüdi G. (1990 b), « Les migrants comme minorité linguistique », *Sociolinguistica*, 4, 113-135.

Lüdi G. (1991), « Les apprenants d'une L2 code-switchent-ils et, si oui, comment? », in ESF, *op. cit.* 47 - 71.

Lüdi G. (1992), « Internal migrants in a multilingual country », *Multilingua*, 11/1, 45-3.

Lüdi G. (1995), « L'identité linguistique des migrants en question: perdre, maintenir, changer », in G. Lüdi & B. Py *et al.* (1995), *op. cit.*

Lüdi G. (1997), « Un modèle consensuel de la diglossie? », in M. Matthey [Ed.], *op. cit.*

Lüdi G. et Py B. (1986), *Etre bilingue*. Berne, Lang.

Lüdi G. et Py B. (1990), « La Suisse : un laboratoire pour l'étude de la dynamique des langues en contact », *Langage et Société*, 50/51, 87 - 92.

Lüdi G., Py B., De Pietro J.F., Franceschini R., Matthey M., Oesch-Serra C. et Quiroga Ch. (1995), *Changement de langage et langage du changement.* Lausanne, L'Age d'Homme.

Lutz F. et Arquint J.C. (1985), « La Suisse romanche », in R. Schläpfer (Dir), *op. cit.*, 209-250.

Manno G. (sous presse), « L'influence de l'adstrat germanique sur le français régional de Suisse romande », in J.M. Marconot (Dir), Actes du Colloque franco-suisse de Belfort « Langues régionales et français régional en Franche-Comté Nord et Jura suisse ».

Martinet A. (1982), « Bilinguisme et diglossie. Appel à une vision dynamique des faits », *La Linguistique*, 18/1, 5 - 16.

Martinoli D. (1997), Perception et classification vernaculaire de germanismes dans le canton du Jura. Enquête parmi les enseignants de Delémont et environs. Mémoire de fin d'étude, Institut de linguistique, Université de Neuchâtel.

Matthey M. (1995), « Analyse de l'interaction en situation de contact: évolution et perspectives », *LIDIL*, 12, 119-134, Grenoble, Université Stendhal.

Matthey M. (1996 a), *Apprentissage d'une langue et interaction verbale*. Berne, Lang (Exploration).

Matthey M. (1996 b), « Deux manières d'agir sur la langue : les réformes de l'orthographe française et allemande », *Babylonia Revue pour l'enseignement et l'apprentissage des langues*, 3, 74-75.

Matthey M. éd. (1997), *Les langues et leurs images*. Lausanne, Neuchâtel, Editions L.E.P.H. IRDP.

Mondada L.et Py B. (1994), « Vers une définition interactionnelle de la notion d'apprenant », in J.Ch. Pauchard (Eds), *Profils d'apprenants.* Saint-Etienne, Publications de l'Université de Saint-Etienne, 381-396.

Moore D. (1996), « Bouées transcodiques en situation immersive », *AILE*, 7, Encrages, Paris.

Noyau C.et Porquier R. (1984), *Communiquer dans la langue de l'autre*. Paris, Presses Universitaires de Vincennes.

Oesch-Serra C. (1995), « L'évolution des représentations », in G. Lüdi & B.Py *et al.*, *op. cit.*

Porquier R. (1984), « Communication exolingue et apprentissage des langues », in *Acquisition d'une langue étrangère III.* Paris, Presses Universitaires de Vincennes ; Neuchâtel, Centre de linguistique appliquée, 17-47.

Py B. (1980), « Quelques réflexions sur la notion d'interlangue », *TRANEL*, 1, 31-54.

Py B. (1989), « L'acquisition vue dans la perspective de l'interaction », *DRLAV*, 41, 83-100.

Py B. (1990), « Les stratégies d'acquisition en situation exolingue », *Le français dans le monde. Recherches et applications*, février-mars 1990, 81-88.

Py B. (1991), « Bilinguisme, exolinguisme et acquisition », *TRANEL*, 17, 147-161.

Py B. (1993 a), « L'apprenant et son territoire : système, norme et tâche », *Aile* 2, 9-24.

Py B. (1993 b), « Quand les représentations peinent à suivre les pratiques... Emergences du plurilinguisme chez des Romands établis en Suisse alémanique », in M. Francard, *op. cit.*, 137-145.

Py B. (1995), « Migration, apprentissage et réorganisation des compétences linguistiques », in G. Lüdi, B. Py *et al.*, *op. cit.*

Py B. et Jeanneret R. éds (1989), *Minorisation linguistique et interaction.* Genève, Droz.

Quiroga-Blaser Ch. (1989), La discussion sur la votation zürichoise dans les médias romands. Basel, Romanisches Seminar der Universität.

Roulet E., Auchlin A., Moeschler J., Rubattel Ch. et Schelling M. (1985), *L'articulation du discours en français contemporain.* Berne, Peter Lang.

Rubi S. (1988), « Quelques remarques sur l'excommunication dans les interactions verbales en face à face », *TRANEL*, 13, 43-80.

Sankoff D. et Poplack Sh. (1979), »A formal grammar for code-switching », *Papers in Linguistics*, 14/1, 3-46.

Schläpfer R. dir. (1985), *La Suisse aux quatre langues.* Genève, Editions Zoé.

Schutz A. (1987), *Le chercheur et le quotidien.* Paris, Klincksieck (Traduction de textes 1899-1959 édités en version originale aux USA en 1971).

Schwarzenbach R. (1969), *Die Stellung der Mundart inder deutschsprachigen Schweiz,* Frauenfeld, Huber.

Simonin J. (1989), « Aperçu de récits de pratiques enseignantes à la Réunion (France) », in B. Py & R. Jeanneret (Eds.), *op. cit.*, 81-88.

Solèr C. (1996), « Le romanche : perspectives sociolinguistiques », in *L'état des langues en Suisse*, Neuchâtel, IRDP (Regards 96.302), 31-39.

Tschoumy J.A. (1995), *Les langues, dites nationales, hors de leur territoire*, Neuchâtel, IRDP (Regards 95.309).

Valdman A. (1977), « L'effet des modèles culturels sur l'élaboration du langage simplifié (foreigner talk) », in S.P. Corder & E. Roulet (Eds), *The notions of simplification, interlanguages and pidgins and their relations to second language pedagogy*, Neuchâtel, faculté des Lettres, Genève, Droz, 114-131.

Weinreich U. (1953), *Languages in Contact.* New York, Linguistic Circle of New York.

Windisch U. et Froidevaux D., *et al.* (1992), *Les relations quotidiennes entre Romands et Suisses allemands : les cantons de Fribourg et du Valais*, Lausanne, Payot.

Wuest J. (1992), « Deux cas de diglossie : Occitanie et Suisse alémanique », in A. Lobier (Eds), *Universitat occitana d'estiu. Actes de l'Université d'été 1991*, Nîmes, M.A.R.P.OC - I.E.O, 131-147.

Wuest J. (1993), « La Suisse alémanique: un cas de diglossie? », *Bulletin CILA* (Organe de la Commission interuniversitaire suisse de linguistique appliquée) 58, 169-177.

Xoán Paulo RODRIGUEZ-YAÑEZ*

ALÉAS THÉORIQUES ET MÉTHODOLOGIQUES DANS L'ÉTUDE DU BILINGUISME
Le cas de la Galice

1. Les aléas théoriques.

1.1. Notre point de départ, c'est l'idée exprimée par Poche (1987 : 91) selon laquelle c'est des recherches empiriques sur les usages linguistiques que doit se dégager un paradigme pour la théorisation sociologique à propos d'une situation sociolinguistique donnée, et non à l'envers. La caractérisation que l'on fait souvent de la situation galicienne (et aussi d'autres situations bi- ou plurilingues) comme étant un *conflit linguistique*[1] est en fait une prise de position aprioriste dont la nature est de servir, en tant que stratégie politique, pour les revendications identitaires et, en général, comme un appui dans les discours accompagnant le processus de *nation-building* (pour une ana-

* Universidade de Vigo

1. Pour ce qui est de la circulation de la notion de *conflit linguistique* dans la sociolinguistique galicienne, voir Herrero Valeiro, 1993a : 97 et suivantes.

lyse de ces discours dans le cas galicien, voir Cabrera, 1992). De cette façon, le paradigme du *conflit*, proposé par Aracil (1965) sur la base de la dichotomie *substitution vs. normalisation* (ou récupération) *linguistique*, ne nous semble pas satisfaisant pour décrire la situation sociolinguistique galicienne. À notre avis, il a conduit à une impasse dans nos réflexions théoriques. L'orthodoxie de pensée que ce modèle a imposée, l'ensemble de *desiderata* militants dont il part, sont en bonne partie incompatibles avec l'analyse empirique des faits de bilinguisme. C'est donc à partir de notre connaissance des usages, des attitudes et des représentations des locuteurs que nous devrons élaborer une quelconque théorie sociolinguistique sur notre situation.

1.2. L'une des idées qui revient normalement dans les discours axés sur le paradigme du conflit, consiste à interpréter la présence de plusieurs langues sur un même territoire comme étant une situation anormale (voir par exemple, Pueyo 1991 : 97). La théorie du conflit linguistique énoncée par Aracil (1965) et par Ninyoles (1969), et l'application qui en est normalement faite dans la situation galicienne, est fondée sur les mythes négatifs qui ont longtemps accompagné l'étude du bilinguisme, parmi lesquels nous soulignons celui qui consiste à penser que *l'identité bilingue* serait à nature problématique. Ce point de vue est à mettre en rapport avec le caractère mythique de la nation, dont les traits éternels devraient être sauvegardés. Dans notre cas, la langue galicienne serait l'élément le plus important du *mythologème* national (Cabrera 1992 : 153-157). Les identités y sont définies *a priori* par rapport aux faits langagiers. Il s'agit des identités liées donc à la pureté du mythe monolingue.

La notion de conflit linguistique semble rester dans un terrain vague, nébuleux, soit parce qu'elle a une telle nature qu'il n'est pas possible d'en donner une définition ou d'en cerner des traits clairs (Janicki 1993 : 111), soit parce que dans la plupart des cas le conflit est inconscient (par exemple, Gugenberger 1995), soit, enfin, parce que, en réalité, toute situation de langues en contact peut être décrite comme étant un conflit linguistique (Nelde 1993 : 167 ; 1997 : 292 — concrètement, Nelde parle des langues de l'Europe). La conséquence semble être que cette notion, généreusement appliquée aux situations bi- ou plurilingues, devient un « universal inoperante » (Bañeres 1992 : 19)[2].

2. Le cas de l'ex-Yougoslavie est un bon exemple d'une situation qui *n'est pas* un conflit linguistique, mais un conflit politique aux racines ethniques (cela entraînant un ensemble complexe de facteurs de différenciation : réligieux, territoriaux, etc.). En effet, ce serait un peu ridicule que de vouloir caractériser le conflit entre les bosniaques, les croates et les serbes comme un conflit linguistique. Bien sûr, dans cette situation, les différences linguistiques (orthographiques et autres) sont actuellement exacerbées de façon artificielle dans le but de symboliser l'affrontement entre les communautés (voir C. Woodard, 14 août 1996, dans *Linguist List*, sujet « A 'new' language in the former Yugoslavia » ; voir aussi Nelde 1997 : 293-94). Cela arrive aussi avec tous les éléments pouvant être manipulés et susceptibles de véhiculer les identités collectives (par exemple, la littérature ou la musique). L'élément linguistique n'est donc que l'un des composants du conflit. Dans ce cas, il semble difficile que les facteurs linguistiques puissent un jour prendre le dessus de manière qu'ils réussissent à rassembler symboliquement le conflit.

À notre avis (et pour des raisons que nous allons exposer au long de ce travail), dans le cas galicien, le terme de conflit (socio)linguistique ne serait applicable « qu'aux querelles orthographiques qui depuis des années opposent les élites intellectuelles galiciennes » (Rodríguez-Yáñez 1993b : 245)[3]. Il s'agirait donc d'un conflit technique et interne à la classe intellectuelle, dont les différentes tendances en matière orthographique et glottopolitique (surtout en ce qui concerne leur conception du galicien par rapport au portugais) s'affrontent dans une lutte pour le contrôle du processus d'institutionnalisation de la langue — autant dire, dans une lutte pour les nouveaux espaces de pouvoir.

Alors, quelle est la fonction des discours du conflit ? Nous pouvons dire que, dans des situations où il existe des groupes linguistiques minoritaires, comme dans le cas de la Galice, la notion de conflit linguistique est un levier dont la fonction est de créer un *vrai* conflit linguistique au sein de la population concernée. De cette façon, lorsque l'on parle de l'existence d'un conflit linguistique, on cherche à en produire un à travers

3. Pour l'affaire du débat orthographique en Galice, le lecteur français peut consulter Herrero Valeiro (1993b), qui expose les différentes tendances dans cet affrontement. De son côté, Monteagudo (1993) explique les choix orthographiques de la normative officielle pour le galicien. Fernández Rei (1993) fait une révision historique de la considération du galicien parmi les langues romanes ; il expose également la conception glottopolitique qui est à la base du processus d'institutionalisation de la langue.

l'introduction d'une dynamique sociale susceptible de conduire à un changement d'ordre politique.

Admettons que, du point de vue des pratiques politiques, l'utilisation des langues en tant que symboles des identités collectives peut être une pratique légitime. Pourtant, pour nous, il s'agit de ne pas confondre le niveau des pratiques politiques et, plus particulièrement, des stratégies politiques visant à la récupération du galicien (point de vue que, nous aussi, nous soutenons) avec le niveau de l'analyse sociolinguistique. En effet, nous tenons à séparer clairement ce qui relève de la recherche sur les langues et ce qui relève de leur manipulation (politique ou autre). En général, la sociolinguistique galicienne a été depuis sa naissance l'otage des revendications identitaires. Même à présent, notre sociolinguistique évolue, en bonne partie, à rebours des discours politiques sur les langues en présence.

En tant que stratégie à caractère politique, il n'y a qu'à espérer qu'elle sera *utile*. Toutefois, nous avons l'impression que toute tentative de poser la situation de la Galice comme étant un conflit linguistique semble être vouée à l'échec. Elle peut, certes, nous satisfaire sur le plan émotionnel, cela n'empêche que, pour (re)lancer l'idée que l'on fait partie d'un quelconque conflit linguistique, il faut bien tenir compte des armes sur lesquelles on peut compter. Et l'ensemble de la population galicienne ne semble pas être en mesure, ni du point de vue d'une quelconque conscience politique, ni de celui de sa cohésion sociale, de relever un tel défi.

Il nous semble réaliste d'affirmer que la survie et le maintien du galicien (et, si cela est possible, sa récupération) devront être posés en termes de coexistence avec l'espagnol ; d'ailleurs, ils ne pourront pas être conçus autrement. Bien entendu, un tel positionnement oblige à un travail théorique qui semble n'en être qu'à ses débuts. Il oblige aussi à une planification linguistique posée en termes bilingues[4].

1.3. Il ne s'agit pas de nier l'existence, en Galice, d'un éventuel *conflit social*. S'il en existe un, il s'agit peut-être du conflit qui, depuis quelques décennies, est commun à bon nombre de régions où se trouvent face à face deux *mondes* (au sens anthropologique de ce terme – cf. par exemple Augé) : le *monde rural* et le *monde urbain*. Il s'agirait donc d'un conflit où s'affrontent deux cultures ou plutôt deux souscultures (pour les termes culture et sousculture, voir Harris 1994 : 20-22)[5]. Il

4. Au niveau politique, on oppose souvent en Galice le *conflit linguistique* au *bilinguisme harmonieux* ('bilingüismo harmónico »), le premier terme connotant l'ensemble de *desiderata* propres au militantisme linguistique, le deuxième un certain pragmatisme d'ordre politique (cf. ce dernier terme avec le « bilingüismo equilibrado » dont on parle en Catalogne). Pourtant, nous ne croyons pas que cet ensemble constitue un paradigme valable pour l'analyse. En effet, au premier pseudo-concept, on a rajouté un deuxième terme (*bilinguisme harmonieux*) dont la justification est fondée sur des convenances politiques. En fait, il s'agit d'un terrain où la rigueur de l'analyse est plutôt absente, sa place ayant été occupée par des affrontements propres à la vie politique.

5. « Cultura es el conjunto aprendido de tradiciones y estilos de vida, social-

s'ensuit que lorsqu'un locuteur *urbanita* interagit avec un locuteur *ruralita*, dans une certaine mesure nous pouvons parler de communication interculturelle[6]. C'est en fait ce dernier aspect que nous essayons de développer dans nos recherches empiriques (Rodríguez-Yáñez 1995). En effet, l'une des caractéristiques les plus saillantes de la Galice de nos jours, c'est la coexistence d'un processus avancé d'urbanisation avec des formes de vie rurale encore profondément traditionnelles mais de plus en plus ébranlées par la culture urbaine. Signalons que, bien que nous parlions de deux mondes et de deux souscultures, il s'agit là, bien entendu, de dichotomies théoriques qui devront être largement nuancées.

Le fait qu'une communication interculturelle existe et que, par conséquent, des différences d'ordre culturel doivent être gérées, n'implique pas pour autant que cette gestion soit par force conflictuelle. Au niveau des symbolisations macrogroupales, nous ne pouvons non plus affirmer que les différences linguistiques axées sur la dichotomie (tout aussi théorique) galicien / espagnol entre le monde rural et le monde urbain,

---

mente adquiridos, de los miembros de una sociedad, *incluyendo sus modos pautados y repetitivos de pensar, sentir y actuar (es decir, su conducta)* » [c'est nous qui soulignons] (p. 20). Voir aussi Tubbs et Moss 1994 : 18, 421.

6. Nous adoptons la définition de *communication interculturelle* de Tubbs et Moss (1994 : 18) : « [il s'agit de la] communication between members of different cultures (wether defined in terms of racial, ethnic, or socioeconomic differences, or a combination of these differences) ». Voir aussi Scollon et Scollon, 1995.

symbolisent, au-delà d'autres facteurs, cet hypothétique affrontement. Entre autres, parce que le galicien est aussi présent dans les milieux urbains, même de façon relativement importante: pour l'ensemble des villes galiciennes, 37,6% des personnes interrogées répondent avoir comme langue habituelle le galicien ou surtout le galicien (Fernández 1996)[7]. Aussi, et il s'agit ici d'une raison principale, parce que, depuis une quinzaine d'années, le galicien est soumis à un processus d'institutionnalisation dans une bonne partie des domaines de la vie publique liés aux formes de culture urbaine: médias (avec notamment une télévision qui émet de façon exclusive en galicien), enseignement (voir Rodríguez Neira 1993), vie politique et

7. Et cela même si nous tenons compte du fait que le processus de substitution linguistique du galicien par le castillan est assez avancé (Fernández 1993b). En effet, il semble que l'introduction du galicien dans les domaines formels n'a pas servi, du moins par l'instant, à freiner sa perte. Par ailleurs, l'étude *Euromosaic* (1996), portant sur 48 groupes linguistiques minoritaires de l'Union Européenne, s'est donnée pour objectif l'analyse du degré de production et reproduction des langues minoritaires à l'intérieur de ces groupes. On a utilisé sept variables que l'on a considérées spécialement importantes dans le processus du maintien des langues : la famille, la reproduction culturelle, la communauté, le prestige, l'institutionalisation, la légitimation et l'éducation. Dans cette étude, le galicien est placé en cinquième position. Les quatre premières langues sont, dans l'ordre, l'allemand (Belgique), le luxembourgeois, le catalan (Catalogne espagnole) et l'allemand (Italie). Derrière le galicien quant au degré de production et reproduction, sont placés, par exemple, le catalan (Pays Valencien), qui occupe la septième position, ou le basque (Pays Basque espagnol), en huitième position (voir Tableau I).

culturelle, avec pour conséquence l'apparition de nouvelles variétés galiciennes urbaines.

À la limite, nous pouvons admettre que la perception que l'ensemble de la population a des variétés linguistiques spécifiquement rurales, que l'on appelle péjorativement « galego pechado », *galicien fermé*, symbolise populairement le mépris des *urbanitas* envers les *ruralitas*. Ce fait dérive de la perception qu'auraient, en général, les *urbanitas* des *ruralitas*. En effet, le statut social de ces derniers serait inférieur à celui des habitants des villes, le monde rural étant subordonné, dans la hiérarchie des rapports sociaux, au monde urbain. Dans ce cas, nous pourrions parler de conflit des classes tout court, entre d'un côté une classe urbaine, qui détient le pouvoir, et de l'autre une classe agricole, qui reste en marge des grandes décisions. D'ailleurs, il faudra bien admettre que la phagocytose progressive du mileu rural par la culture urbaine est un fait généralisé dans beaucoup de sociétés, et qu'il n'est pas spécifique des situations de contact de langues.

Ajoutons à cela deux faits. En premier lieu, en général, nous ne pouvons pas trancher net entre ce qui fait partie du monde urbain et ce qui fait partie du monde rural. Si dans le domaine de la géographie on parle de continuum *rururbain* (cf. Carter 1981 : 16), cette notion peut aussi être appliquée en Galice au contact culturel entre ces deux mondes et, de manière toute spéciale, aux alentours des deux villes les plus grandes, Vigo et A Coruña, situées toutes les deux sur la côte et prolongées sur cette ligne côtière par une série de villages, de petits villages et de hameaux. En deuxième lieu, le contact rural-urbain est bidirectionnel il n'y a pas que la culture urbaine qui pénètre dans le monde rural; il y aussi le monde rural qui pénètre dans la ville, notamment à travers les immigrés *ruralitas* qui s'y installent avec leurs modèles de sociabilité et leurs répertoires linguistiques. Cela se passe aussi à travers les marchés traditionnels comme celui de la ville de Lugo (Rodríguez-Yáñez 1995).

Ajoutons à ce brassage plus ou moins intensif que la distance interlinguistique entre les variétés de l'espagnol que l'on parle en Galice et le galicien est assez réduite, l'intercompréhension étant, en général, de mise. Feldman (1974) signale que ces deux langues partagent 45% de leur structure. Par ailleurs, le bilinguisme (aux différents degrés) est un fait très répandu dans la Galice de nos jours. Pour l'ensemble de la population, pour ce qui est des compétences orales, 97,1% des personnes disent comprendre le galicien et 86,4% seraient capables de le parler (Fernández Rodríguez et Rodríguez Neira coord., 1994 : 76). Quant à la langue habituellement utilisée, 50,7% des gens adhèrent aux catégories intermédiaires, dont 29,9% estiment parler « plus de galicien que de castillan » et 20,8% « plus de castillan que de galicien » ; quant aux catégories monolingues, 38,7% des gens se considèrent monolingues en galicien, et seulement 10,6% monolingues en espagnol (Fernández Rodríguez et Rodrîguez Neira coord., 1995 : 48-49)[8]. Ces résultats sont certainement surprenants dans le cadre des langues minoritaires européennes, et montrent jusqu'à quel point le galicien est, encore de nos jours, une langue vivante, et cela même si nous tenons compte de la dynamique générale de la situation, qui signale une perte considérable de la langue chez les jeunes générations.

En l'absence d'autres différences, nous pouvons conclure qu'il serait difficile de pouvoir distinguer en Galice *deux* communautés linguistiques. Les différences interculturelles s'étendent tout au long d'un continuum dont les deux bouts sont d'un côté, les formes de vie rurales des contrées les plus reculées du pays, et de l'autre, les formes de vie urbaine, les plus sophistiquées. Dans ce continuum, nous trouvons tous les degrés d'*urbanité* et de *ruralité*, cette gradation identitaire et culturelle étant accompagnée corrélativement d'une gamme de variétés linguistiques qui s´étendent aussi d'un bout à l'autre du continuum *rururbain*.

8. Ces chiffres sont tirés de la *Carte Sociolinguistique de la Galice* (*Mapa Sociolingüístico de Galicia*), coordonnée par Fernández Rodríguez et Rodríguez Neira. Il s'agit d'une immense banque de données qui embrasse l'étude par questionnaires de trois niveaux sociolinguistiques : langue initiale et compétence linguistique (1994, 1er volume), usages linguistiques (1995, 2è volume) et, en troisième lieu, attitudes linguistiques (à paraître, troisième volume). Nous avons à souligner que l'échantillon utilisé est composé par 38.897 personnes interrogées, et cela sur une population totale d'environ 2.700.000 habitants. Le lecteur français peut aussi consulter un travail de présentation en langue française de cette *Carte* (Seminario de Sociolingüística 1993).

1.4. Au moins la moitié de la population du monde parle quotidiennement deux langues ou plus de deux langues. Le raisonnement le plus immédiat est la conséquence des données les plus visibles: celles que l'on peut évaluer en termes quantitatifs. Ainsi, si dans le monde il y a au moins entre 4.500 et 6.000 langues toujours parlées (Hagège 1986 : 55), et environ 200 états, il est évident que dans beaucoup de territoires qui du point de vue politique sont unifiés il existe une diversité linguistique au degré variable, depuis l'amas multilingue de l'Inde ou du Zaïre, jusqu'au timide bilinguisme des minorités européennes ainsi dites « territoriales » (voir Giordan, 1992 : 12-15).

Pourtant, les conséquences les plus importantes de ce manque de proportionalité entre le nombre d'entités politiques étatiques et la diversité linguistique dans le monde sont, dans une bonne mesure, encore à tirer. En effet, du point de vue géopolitique il ne s'agit pas seulement que les États occidentaux et l'idée de nation soient normalement fondés sur la base du monolinguisme, mais aussi que d'autres associations du même genre continuent à s'inspirer de l'ancienne équation qui relie une nation à une langue. En Espagne, c'est le cas du paradigme conceptuel qui s'est dégagé de la sociolinguistique des langues minoritaires, avec à sa tête le pseudo-concept de *normalisation linguistique* (dans le sens de *récupération* de la langue ou *retour à la normale* ; cf. avec l'analyse critique de Bañeres et Romani, 1994), mais aussi avec la catégorisation quasi automatique des situations sociolinguistiques comme étant des *conflits linguistiques*, ou des situations *diglossiques*, avec une partie de la population souffrant de l'*auto-haine*. Comme nous l'avons dit ci-dessus, cet ancien paradigme théorique, hérité de l'école catalane de sociolinguistique, reprend un modèle monolingue de société.

La tradition linguistique est redevable d'une perspective culturelle monolingue. Cette tradition est idéologiquement monolingue, de la même façon qu'elle est masculine et occidentale (Romaine 1996 : 124-25). Le paradigme descriptif et théorique que la linguistique continue à offrir est axé sur le monolinguisme, cela étant favorisé par l'autonomisation des objets-langue (Poche 1987 : 82)[9]. Face aux faits de bilinguisme, ce

9. Deux recueils bibliographiques sur la *linguistique galicienne* sont récemment parus : García Gondar (1995) et Regueira Fernández (1996). Un point qui a suscité notre réflexion est la notion de *linguistique galicienne* adoptée dans le recueil de García Gondar (p. 19) : « Coa expresión lingüística galega cremos poder referirnos non só ós traballos centrados exclusivamente no galego en calquera das súas etapas históricas, senón tamén ós que, tendo un obxecto de estudio máis amplo, inclúen datos do galego ». Tout en étant une conception raisonnablement large par rapport à l'ensemble des linguistiques particulières à une langue x, ce qui nous surprend, c'est le fait que si l'on faisait l'assomption d'une définition pareille pour une soi-disant *sociolinguistique galicienne*, nous serions forcés de laisser de côté une bonne partie des problèmes sociolinguistiques, notamment l'étude du parler bilingue ou des variétés de l'espagnol de la Galice. Etant donné qu'une telle conclusion nous conduirait à une absurdité, il semble que la sociolinguistique (galicienne ou autre) ne soit pas définie par un objet-langue, mais par l'étude des rapports langue(s)-société, rapports qui dans tous les cas sont à établir *a posteriori*. C'est pour cette raison que nous avons adopté une conception forcément large de ce que nous entendons par le syntagme *sociolinguistique galicienne* (Rodríguez-Yáñez 1993c : ii), de manière à inclure l'étude des variétés de l'espagnol de la Galice, l'étude des communautés

paradigme, que l'on voudrait synchronique et descriptif, opère en fait comme un paradigme diachronique et normatif. De cette façon, le bilinguisme est perçu comme étant un phénomène marginal, et cela en dépit de ce que Jakobson écrivait en 1953 : « Bilingualism is for me the fundamental problem of linguistics » (cité par Romaine 1995 : 1). Il est aussi perçu comme un phénomène marqué face au monolinguisme, donc comme un phénomène qui doit être expliqué (Romaine 1996 : 124), tout comme l'est, signale Romaine, le style conversationnel féminin, stylé marqué face au style masculin, qui serait non marqué.

En ce qui concerne la compétence bilingue, nous savons que les locuteurs bilingues ne sont pas l'addition de deux monolinguismes, mais que « rather, he or she has a unique and specific linguistic configuration. The coexistence and constant interaction of the two languages has produced a different but complete language system » (Grosjean 1985 : 470-71). Donc, tout comme Grosjean l'a écrit, le bilinguisme doit être étudié *du point de vue bilingue*. En somme, le fait paradoxal que les usages bilingues comportent, de par leur nature même, le recours à ce que dans la perspective de la tradition descriptive externe seraient deux langues différentes, montre à quel point le décalage est grand entre le paradigme interprétatif traditionnel et le

galiciennes en situation de migration, et aussi toute autre recherche ayant suscité l'intérêt des chercheurs travaillant en Galice (ou, ajoutons-nous, sur le cas galicien).

comportement réel. C'est dans ce vieux paradigme que prennent source les théories du conflit linguistique et les propositions qui continuent à relier chaque identité à *sa* langue.

Sans doute, les conclusions les plus importantes à tirer du fait que la « normalité » soit non monolingue, et du fait que, dans les situations bi- ou plurilingues, les identités (aussi bien sur le plan individuel que sur le plan collectif) soient des entités complexes, multiformes et changeantes, atteignent directement l'épistémologie sociolinguistique.

2. Le comportement bilingue. Les études par questionnaires.

2.1. Maintenant, nous voulons poser un vieux problème concernant les connexions entre les niveaux macro et microsociolinguistique : comment insérer dans un certain cadre de réflexion théorique un dialogue utile entre ces deux méthodes visant l'étude de l'activité bilingue, les questionnaires et les études qualitatives. La question n'est pas tellement de savoir si les données sur le comportement linguistique obtenues à travers les questionnaires d'(auto)évaluation correspondent ou non aux usages réels (point de vue qui est aussi partagé par Fernández Rodríguez et Rodríguez Neira 1995 : 25), mais d'évaluer la nature de ces données. C'est-à-dire, le fait que ces données soient le résultat de la *perception* (Ibid., p. 36) que les locuteurs ont de leur propre comportement ou de celui des autres, n'est pas du tout accessoire, mais constitue leur nature même. En fait, ces données devraient aussi être analysées dans un cadre théorique tenant compte de cette nature perceptive, c'est-à-dire psychosociale.

Souvent, on adresse des critiques aux questionnaires sans que pour autant des alternatives soient proposées. Les études quantitatives ont le mérite de fournir la photographie d'une situation. Par là, elles peuvent être prises en compte, de façon directe, dans les décision en matière de politique linguistique, puis dans les processus de planification. Elles seraient donc des réponses d'urgence indispensables dans les cas des langues défavorisées. Par contre, du moins pour l'instant, les études qualitatives semblent ne pas avoir d'application immédiate dans le domaine de la planification linguistique. De plus, les limitations des questionnaires ne sont pas, pour l'essentiel, plus encombrantes que celles, par exemple, de l'analyse conversationnelle du parler bilingue, avec à leur tête la transcription des données (qui est un processus de nature interprétative, par ailleurs toujours inachevé), puis l'interprétation menée par l'analyste lui-même. Ajoutons à cela le problème de la sélection, parmi des milliers d'interactions observables, de ces quelques dizaines de cas que nous avons eus à portée de la main, souvent de façon hasardeuse; c'est même parfois l'observateur participant qui, de façon calculée ou non, provoque des situations de communication un peu particulières. Aussi, la notion de *key-encounters* au sens de Gumperz, appliquée à une situation sociolinguistique donnée, ne va pas sans poser des problèmes. Malgré ces limitations, il faudra bien admettre qu'il s'agit de difficultés qui ne font que mettre en évidence la complexité des faits à analyser. Il s'ensuit que, en choisissant telle ou telle autre méthode on va forcément encourir les risques qui lui soient inhérents.

En marge des critiques que les praticiens des méthodes macro ou micro peuvent sans doute s'adresser les uns aux autres, notre avis est que du dialogue entre ces deux méthodes peuvent naître des réflexions utiles pour la connaissance des situations bi- ou plurilingues. C'est dans cette perspective que nous proposons les réflexions qui suivent.

2.2. Il est probable que nos prototypes de perception langagière, inhérents à notre activité de linguistes, deviennent spécialement visibles lorsque nous étudions une communauté bilingue. Il se peut que l'étude du bilinguisme agisse (avec une intensité que nous ne retrouvons pas dans d'autres domaines linguistiques) comme un révélateur du décalage existant entre d'un côté, les faits, de l'autre notre perception et notre construction de ces faits – cette dernière produisant et répandant des éléments qui vont appuyer nos perceptions originaires ou générer de nouvelles perceptions. Autrement dit, toute analyse du bilinguisme fait l'assomption, implicite ou explicite, d'un ensemble de projections de nature psychosociale sur ce phénomène.

Pour ce qui est des questionnaires, ce problème a, au moins, deux faces : en premier lieu, la catégorisation des choix de réponse dans les questionnaires visant les usages linguistiques dans une situation de bilinguisme. En deuxième lieu, l'interprétation des données ainsi obtenues. Quant aux choix de réponse, la tendance générale est de les établir sur la base d'une dichotomie — soit on parle une langue soit on en parle une autre —, incluant de façon complémentaire des catégories intermédiaires plus ou moins floues. Ces choix répondent-ils à une connaissance préalable des comportements linguistiques visés, ou bien, comme il arrive souvent, sont-ils le résultat d'une gradation grossière dont les pôles sont *deux langues* ? Autrement dit, s'agit-il de catégories descriptives ou bien de catégories idéationnelles ? Enfin, ces catégories, tiennent-elles compte des représentations que les locuteurs ont de leurs pratiques linguistiques ? (cf. Blanchet 1994 : 97).

La deuxième face du problème, l'interprétation des données d'(auto)évaluation des usages langagiers, peut être reconduite de la façon qui suit : à quelles catégories de comportement linguistique dans une situation bilingue renvoient les catégories de comportement évalué à travers les différents choix de réponse que l'on intègre dans un questionnaire ? Pour faire face à cette question, il semble que nous ayons d'abord à répondre aux questions précédentes sur la nature de ces catégories. Par ailleurs, il est peut-être risqué de rassembler dans un seul tout comparatif les taux de réponse obtenus pour les différentes questions posées. En effet, il se peut que les personnes interrogées ramènent de façon différente les usages aux choix de réponse, en fonction des « types » de situations qu'on leur propose. Ainsi, les énoncés renvoyant à un seul interlocuteur (« langue parlée avec votre mère »), peuvent ne pas être traités de la même façon que ceux qui renvoient à un ensemble potentiellement diversifié d'interlocuteurs (« langue parlée avec les clients »), ou à un ensemble limité (« langue parlée avec vos collègues au travail »).

À travers les questionnaires, nous obtenons des renseignements sur les perceptions que les locuteurs ont de leurs propres usages et / ou des usages des autres. Mais, dans ces perceptions, il y a un ensemble complexe de facteurs parmi lesquels nous pouvons signaler aussi bien les représentations que les locuteurs ont des réponses socialement plus recevables (ou des représentations psychosociales en cours à propos de ces usages), qu'une prise de position par rapport aux attentes que la personne interrogée croit déceler chez l'enquêteur (ou dans l'institution que ce dernier est censé représenter)[10]. En ce qui

10. Lorsque nous avons mené le travail de terrain par questionnaires dont nous allons parler ci-dessous, nous avons trouvé parmi les personnes interrogées, entre autres, deux réactions extrêmes. D'un côté, certains locuteurs réagissaient avec une certaine agressivité, car ils étaient contre le processus de récupération du galicien. C'était l'époque (1988) où il y avait un grand débat dans les médias à propos de l'introduction du galicien comme langue véhiculaire dans l'enseignement pour une partie des matières (voir les recueils de lettres au directeur et autres documents parus dans des journaux et des revues, rassemblés par la *Mesa pola Normalización Lingüística*, dans des volumes de *Recopilación de prensa*. Voir surtout les volumes des années 1987, 1988 et 1989). Du moment que nous présentions l'enquête comme un travail de recherche qui devait être présenté à l'université (nous présentant nous-mêmes comme étudiants, appartenant donc au monde des intellectuels), certains de ces locuteurs accentuaient visiblement leur désaffection envers le galicien. Bien entendu, nous ignorons dans quelle mesure ces réactions ont eu des conséquences lorsque ces personnes-là ont rempli le questionnaire. D'un autre côté, d'autres locuteurs

concerne ce dernier point, l'énoncé même des choix de réponse et des questions oriente sur les représentations que les enquêteurs se font du comportement bilingue.

2.3. Les problèmes que nous venons de poser sont nombreux et complexes. Tout d'abord, à travers les données de parole nous savons que le comportement strictement monolingue ne recouvre qu'une partie (parfois assez restreinte) des possibilités réelles de comportement dans une situation bilingue[11]. Qui

---

nous demandaient si cela serait mieux pour nous (en tant qu'étudiants qui allaient être notés) de privilégier l'une des langues dans les réponses. Cela peut être expliqué par le fait que, dans les milieux intellectuels et universitaires que nous étions censés représenter, le galicien est une langue de prestige. En fait ces personnes différenciaient très bien par là entre « langue – et réponse – attendue » et « langue parlée ». D'après nos impressions, cette observation était d'autant plus fréquente que les gens étaient âgés et avaient un bas niveau socio-culturel : ces locuteurs-là ne percevraient ce prestige relatif du galicien que comme *un autre aléa de leur propre histoire sociolinguistique*. En effet, une grande partie de leur vie s'était écoulée à une époque où le castillan était la seule langue de prestige, et cela dans tous les domaines. Ils savent que, aussi bien il y a des années pour le cas de l'espagnol, qu'aujourd'hui pour le galicien (cf. Alonso Montero 1990), c'est le pouvoir qui octroie le cachet de prestige. Ils connaissent donc l'existence de cette « réponse attendue », et si convenable, liée directement à ces parcelles de pouvoir. C'est des faits de ce genre que nous nous sommes inspirés pour élaborer les réflexions que nous exposons dans ces pages.

11. Dans le cas du bilinguisme en Galice, nous appuyons cette affirmation sur les données de langue réelle des travaux d'Álvarez-Cáccamo (1990a, 1990b, 1991, 1993, 1996), sur nos propres données (1995), ainsi que sur quelques deux cent cinquante travaux de cours de nos élèves à l'université, réalisés pen-

plus est : pour des parties importantes de l'ensemble de la population, les usages comportant le recours aux alternances codiques, loin d'être un comportement marginal, peuvent constituer le comportement habituel face aux comportements monolingues. En fait, c'est justement cela ce que nous pouvons appeler *compétence bilingue réelle*. De cette façon, ce que certains locuteurs vont appeler « parler en galicien » (donc, faisant rentrer leur comportement dans la catégorie du choix de réponse « monolingue en galicien ») recouvre, parmi d'autres possibilités, dans la pratique langagière telle qu'elle est perçue par le chercheur, l'utilisation d'un style conversationnel comportant l'alternance de codes à différents degrés[12]. Il est probable aussi que, par contre, et dans le même travail de terrain, d'autres locuteurs classent leur comportement alternant dans l'une ou l'autre des catégories intermédiaires[13].

Dans les cas des choix de réponse intermédiaires du type « les deux langues mais surtout galicien », le problème de l'interprétation du chercheur découle du fait que l'on ne sait

---

dant les cinq dernières années, et portant sur l'analyse de conversations enregistrées dans toutes sortes de situations réelles de communication.

12. Nous tenons à souligner que les perceptions *professionnelles* des sociolinguistes sont aussi des perceptions.

13. Dans le cas de la Galice, la formulation des catégories intermédiaires de réponse tout au long des recherches par questionnaires, a sa propre histoire. Un travail à faire, c'est l'analyse comparative des raisons des différences (parfois considérables) dans les taux obtenus pour ces réponses dans les différents travaux de recherche.

pas si, en cochant une réponse de ce genre pour une situation donnée (mettons, par exemple, « langue employée pour parler avec votre enfant » ou « langue employée avec les copains dans le travail », ou encore « langue parlée chez le pharmacien ») le locuteur affirme qu'il emploie le galicien dans *la majorité* des situations de communication reproduisant celle qu'on décrit dans l'énoncé, ou qu'il y emploie les deux langues, mais surtout le galicien. Si ce dernier est le cas, nous ne savons pas non plus s'il y utilise les deux langues mais tour à tour, dans des conversations différentes (ou dans des sub-situations de communication différentes, par exemple avec tel ou tel autre copain, avec tel ou tel autre enfant), ou bien si, au contraire, il exprime par là une conscience quelconque de comportement *switché*[14].

En effet, il faudrait voir si les personnes interrogées perçoivent que des catégories du type « plus de galicien que de castillan » ou « plus de castillan que de galicien » représentent ce qu'ils n'arrivent pas à exprimer eux-mêmes faute des termes précis (Gumperz 1982 : 62)[15], ou bien s'il faudrait compter sur

14. Il est probable que les locuteurs aient tendance à percevoir les variations dans leur comportement surtout dans les cas où elles seraient motivées par des facteurs contextuels, extralinguistiques, et non pas tellement dans les cas d'ordre strictement conversationnel. Le caractère inconscient de ces derniers peut très bien favoriser le développement chez les locuteurs de catégories conscientes du comportement situationnel, qui à leur tour deviendraient progressivement des stéréotypes sociaux du comportement langagier. Enfin, ces stéréotypes alimenteraient les perceptions individuelles des locuteurs.

15. J.J. Gumperz écrit : « For the most part participants have no readily available words or descriptive terms to characterize the process of switching as

des catégories populaires du type « castrapo » ou « gallego mezclado »,<<galicien mélangé>>. La dénomination péjorative *castrapo* ou *galego acastrapado*, désigne populairement les variétés interférées, mais aussi les variétés *switchées*. Parfois on oppose le *castrapo* au *gallego redondo*[16] ou *gallego verdá*, «galicien 'rond'» ou « galicien vérité »[17]. Dans d'autres cas, les locuteurs disent des choses du type « aquí falámolo chapurrao », « ici, on le baragouine ».

Pour désigner ces usages métisés, le métalangage populaire n'offre que des « stereotypical labels which vary in meaning with changing attitudes » (Gumperz, Ibid.). Il n'en reste pas moins vrai que le métalangage scientifique pour l'étude du bilinguisme présente de considérables insuffisances. Même le concept de *code-switching* semble déjà trop usé. À ce propos, Gardner-Chloros écrit (1995 : 70) :

> There are two reasons why this term has become a victim of its own success. The first has to do with the relationship between code-switching and other interlingual phenomena. Its use encourages us to believe that we are studying a unitary phenomenon with objective reality rather than a fuzzy-edged construct. (...) The second reason has to do with the nature ot the pheno-

---

such ».

16. Nous avons entendu cette dénomination à Lugo, dans un quartier de banlieue, en avril 1989, lorsque nous faisions le travail de terrain dont nous allons parler.

17. Il est possible que, sous de telles dénominations, une conscience diachronique sur le processus du contact linguistique et culturel puisse être décelée.

> mena subsumed under the heading of code-switching. The use of the term code-switching implies a binary choice -that at any given moment speakers are either operating in one mode or in another, which is clearly distinguishable from the first. This is an oversimplification.

Si nous appliquons la théorie des prototypes à notre perception des faits de langue dans les situations bilingues, il semble que nous privilégiions ainsi les deux nucléus les plus différenciés en dépit des régions de transition qui relient ces nucléus l'un l'autre. En fait, la tradition linguistique reprend aussi ces deux nucléus perceptifs. Le problème, c'est de savoir si, lorsque nous élaborons un questionnaire, nous devons nous limiter à reprendre ces catégories, ou bien si, au contraire, nous devons proposer d'autres catégories qui tiennent compte tout aussi bien de nos connaissances sociolinguistiques sur le comportement bilingue que des représentations qu'en ont les gens –ces dernières pouvant être fixées à l'aide d'entretiens avec les locuteurs.

Lorsqu'il s'agit de faire le contraste entre les questionnaires et les recherches microsociolinguistiques, les faits que nous venons de signaler sont à la base des difficultés les plus importantes[18] · En effet, les paradigmes interprétatifs qui se dégagent de chacune de ces deux perspectives étant largement incompati-

18. Nous pouvons aussi nous poser une question complémentaire : si nous avons devant nous la transcription de telle interaction, pourrions-nous prévoir dans tous les cas la réponse que les participants de cette interaction-là auraient donnée sur leur comportement ?

bles, il semble que chacune d'entre elles doive garder une très grande autonomie par rapport à l'autre.

2.4. En août / septembre 1988 et en avril 1989, nous avons réalisé un travail de terrain par questionnaires dans la ville galicienne de Lugo, portant sur les usages et les attitudes linguistiques[19]. Parfois, nous les remplissions nous-mêmes devant la personne interrogée. En même temps, nous enregistrions l'entretien. Certains locuteurs nous disaient qu'ils parlaient *mezclado*, « mélangé » : dans ce cas nous cochions l'une des cases des réponses intermédiaires. Cette façon d'étiqueter péjorativement leur propre comportement bilingue (*falar mezclado*, « parler mélangé ») revenait assez souvent dans les représentations des gens[20]. C'est le cas du dialogue qui suit (tour 10) :

19. Ce travail portait sur un total de 335 personnes. On peut consulter une partie des données dans « L'usage du galicien et du castillan dans les familles de la ville de Lugo (Galice) » in Ch. Deprez et L.-J. Calvet (sous la direction de), 1989 : *La communication familiale* (Seconde partie), supplément au n° 1 de la revue *Plurilinguismes*, CERPL, Université René Descartes-Sorbonne, p. 70-85. Voir aussi, de 1991, *Étude de l'alternance codique galicien / castillan dans les interactions client-vendeur aux halles de la ville de Lugo (Galice)*, Mémoire de Maîtrise en Sciences du Langage, sous la direction de Anne-Marie Houdebine, Université de la Sorbonne Nouvelle-Paris III.

20. On peut consulter le volume monographique sur les *représentations sociales de la langue*, coordonné par H. Boyer et J. Peytard, 1990.

Na lotería (8-88/14)

E: enquisador, vinteoito anos ; V: vendedora de lotería, muller duns cincoenta anos de idade. O negocio está situado no mesmo centro da cidade de Lugo.

(...)

6 V: no ¿qué es? un: ¿es para una opinión del gallego o para pa qué?

7 E: sí es sobre eso no tiene nada que escribir sólo tiene que poner cruces en los sitios correspondientes y no tiene nada que escribir. Esper- le enseño [ponse a ler] po qué lengua emplea con su marido qué lengua emplea con su hijo

8 V: bueno:::

9 E: [sinalándolle na enquisa] aquí pone una cruz en el sitio correspondiente aquí cubre la respuesta

10 V: bueno eso sí lo puede dejar lo deja aquí y lo cuando venga mi hijo porque yo desto yo lo yo lo empleo todo mezclado y:::

11 E: *como usté queira si quere cubrila tanto mellor e senón pois pois o seu fillo*

12 V: *bueno eu pódochello deixar ó meu fillo e pódeo facer*

[A partir de aquí a conversa desenvólvese en galego]

(...)

Chez la vendeuse de billets de loterie

E: enquêteur, jeune homme âgé de vingt-huit ans ; V: vendeuse d'une cinquantaine d'années. L'établissement est situé en plein centre ville, à Lugo.

(...)

6 V: mais c'est quoi ? un... c'est pour avoir une opinion sur le galicien ou pour quoi faire ?

7 E: oui, c'est de cela qu'il s'agit, vous n'avez rien à écrire, vous n'avez qu'à marquer d'une croix les réponses de votre choix et vous n'avez rien à écrire. Atten- je vais vous montrer [en lisant] quelle langue employez-vous avec votre mari, quelle langue employez-vous avec votre fils

8 V: eh bien...

9 E: ici vous marquez d'une croix la réponse de votre choix, ici vous cochez la réponse

10 V: bon ça oui, vous pouvez laisser ça, vous laissez ça ici et quand mon fils arrivera... parce que, moi, là-dessus, je le je l'emploie tout mélangé et...

11 E: *comme vous voudrez, si vous voulez la remplir tant mieux et sinon alors, alors, votre fils*

12 V: *bon moi je peux la lui laisser, à mon fils, et il peut la faire*

[A partir d'ici la conversation a lieu en galicien]

(...)

Dans cette interaction, c'est l'enquêteur qui a parlé le premier, et il l'a fait en espagnol. La vendeuse a aussi adopté ce choix de code. Mais, une fois qu'il a présenté son questionnaire, l'enquêteur propose un choix de code en galicien (à partir du tour 11). C'est dans ce code qu'il va développer par la suite des stratégies de persuasion afin de convaincre la vendeuse que ce soit plutôt elle qui remplisse l'enquête et non son fils, comme elle le prétend. De son côté, V adopte, du premier moment, ce nouveau choix de code (tour 12), qui va être maintenu jusqu'à la fin de l'interaction.

L'insécurité linguistique de cette locutrice, qui va se manifester tout au long de l'entretien, semble exister dans la mesure où elle perçoit que son comportement ne peut pas satisfaire nos attentes, qui seraient, estime-t-elle, fondées sur des modèles monolingues. En tout cas, c'est cela ce qu'elle interprète à partir de la présentation du questionnaire et, spécialement, à partir de la lecture par l'enquêteur de certaines questions (7) dont les énoncés commencent par *¿qué lengua...?*, <<*quelle langue...?*>>, et non par *¿qué lenguas*[s] *...?*, au pluriel. Donc, l'enquêteur lui demande implicitement de ramener ses usages linguistiques à des langues différenciées[21]. Pourtant, pour la vendeuse le problème n'est pas seulement de faire rentrer ses usages dans des catégories-langues. Le problème principal, c'est qu'elle perçoit

21. Les choix de réponse étaient : « galicien », « castillan », « les deux langues, mais surtout galicien », « les deux langues, mais surtout castillan ». Pourtant, ces différents choix n'ont pas été explicités pendant l'entretien.

son propre galicien comme étant du « mauvais » galicien car *yo lo empleo todo mezclado* (10). Donc, son galicien à elle ne mériterait pas d'être pris en considération par notre enquête. En fait, c'est son fils qui devrait, estime-t-elle, remplir le questionnaire (10 et 12).

Paradoxalement, nous lui avons fourni la preuve de la « mauvaise qualité » de son galicien, du moment qu'en élaborant les choix de réponse nous n'avons pas pris en considération des usages de ce type (les usages *mélangés*). En effet, notre métalangage a été pris au piège des objets-langue. Autrement dit, le cadre interprétatif fourni par notre questionnaire et par la présentation que nous en avons faite est un cadre institutionnel, axé donc sur un double monolinguisme, et non un cadre construit sur les pratiques langagières réelles (cf. avec le questionnaire appliqué en Galice par Williamson et Williamson 1984 : 407).

En somme, le dialogue précédent nous montre qu'une situation d'enquête est aussi une *situation sociale* (Ghiglione et Matalon 1978 : 145-151) et que, par là même, elle est soumise aux processus interprétatifs de toute interaction et aux identités qui y sont construites (voir Schenkein 1978, où l'auteur applique ce point de vue à une situation d'entretien).

2.5. Il est probable que l'intention même de ramener la parole bilingue à certaines catégories que l'on puisse coder comme des choix de réponse, soit une tâche vouée à des solutions insatisfaisantes, surtout du moment qu'une certaine condition de continuum semble caractériser des situations bilingues vraisemblablement comparables à la nôtre (c'est le cas, par exemple, du continuum dialecte / standard en Italie — voir Giacalone Ramat, 1995). Cela impliquerait deux choses : en premier lieu, les locuteurs auraient tendance à se placer eux-mêmes par rapport à des extrêmes perceptifs, tandis que les variétés intermédiaires continueraient à jouer un rôle fondamental dans leur activité langagière (cf. la description du continuum jamaïquain de DeCamp 1977, cité par Wardhaugh 1992 : 102). En deuxième lieu, la perception du comportement bilingue, et surtout des variétés intermédiaires, ne serait peut-être pas la même parmi les *ruralitas* que parmi les *urbanitas* (ni, en général, parmi les locuteurs parlant des variétés plus proches des variétés standard — galiciennes ou espagnoles — que parmi ceux dont les variétés en sont plus éloignées). En effet, leurs répertoires bilingues étant différents, nous pouvons penser que leurs perceptions langagières seront aussi différentes. Si cela était le cas, notre valoration de leurs réponses respectives devrait aussi être différente.

Les enseignements fournis respectivement par les questionnaires et par la microsociolinguistique sont de nature très différente. Donc, compte tenu de ce que cette deuxième approche nous apprend sur le bilinguisme, devrions-nous nous attendre à ce que les personnes interrogées aient une perception *autre* de leur parler ? La réponse semble être négative. En effet, du moment que les langues sont des créations sociales, dans le sens où les groupes sociaux symbolisent leurs différences identitaires et leur cohésion en tant que groupes à travers les différences linguistiques (et cela, en marge du fait que ces dernières soient grandes ou minimales), alors il semble que la perspective selon laquelle on s'attendrait à recevoir une quelconque reconnaissance de la part des locuteurs du fait que leur comportement langagier en réalité *est autre*, soit une perspective erronée. Il nous semble bien que ce soit là la raison principale pour soutenir l'utilité des questionnaires en eux-mêmes.

2.6. Dans les deux cas, micro ou macrosociolinguistique, il s'agit de la construction de deux approches des faits de langue, enfin de la construction de deux paradigmes interprétatifs. Pour ce qui est des questionnaires, le paradigme interprétatif se trouve être renforcé par le phénomène de la *sondiffusion* (Albarello, 1987). Albarello soutient que les résultats des sondages d'opinion, à travers leur diffusion dans les médias, créent aussi, à leur tour, de l'opinion. Si nous appliquons ce phénomène au cas de la diffusion des résultats des enquêtes sur l'usage des langues (ce qui en Galice revient avec une certain fréquence dans les dernières années), nous pouvons conclure que les représentations sociales sur les usages s'en trouveront aussi atteintes.

La *sondiffusion* aurait une autre conséquence dans les milieux intellectuels galiciens, plus ou moins preoccupés par l'avenir de la langue galicienne. Dans l'histoire de la recherche sociolinguistique en Galice, les enquêtes par questionnaires ont été largement dominantes, et cela depuis le travail d'Ayestarán et De la Cueva de 1974, jusqu'à la *Carte Sociolinguistique* de 1994-97. Ainsi, l'ensemble de la classe intellectuelle s'est habituée à percevoir la situation du galicien à travers des données d'ordre statistique, de telle façon que ses attentes sont plutôt configurées à travers cette approche des usages linguistiques, mais pas tellement à travers d'autres approches différentes. Il existe encore un autre aspect en rapport avec ce phénomène de la *sondiffusion* : à la différence de ce qui se passe avec les données de parole, les données statistiques peuvent être facilement transformées en objets[22]. De cette manière, nous avons tendance à penser que, du moment qu'une enquête embrasse, à travers un échantillon, une population donnée, nous connaissons *déjà* la situation. Des avertissements à propos de cet effet pervers des données statistiques sont inclues dans la *Carte Sociolinguistique de la Galice* (Fernández Rodríguez et Rodríguez Neira 1995 : 43).

2.7. En somme, l'un des points de départ pour établir un dialogue entre la tradition macrosociolinguistique galicienne, et les études microsociolinguistiques du parler bilingue (qui, à partir des travaux d'Álvarez-Cáccamo — parmi d'autres, 1990a, 1990b, 1991, 1993, 1996 — commencent à se frayer un chemin), peut être la discussion autour de la catégorisation des choix de réponse, surtout des réponses intermédiaires. Cette discussion, dont nous avons énoncé quelques bribes, pourrait ap-

22. Étant donné que, en ce qui concerne l'usage du galicien, les pourcentages obtenus sont assez élevés, ces objets statistiques peuvent facilement contribuer à la cohésion du groupe, ou à *l'illusion groupale* (Anzieu 1984).

porter de nouvelles propositions qui tiendraient compte des trouvailles de l'analyse micro. Ce va-et-vient micro-macro serait à inscrire dans un processus dynamique et dialectique, où les mesures de planification seraient l'objet d'une élaboration et d'un suivi tenant compte de ces deux perspectives.

En général, les distinctions que la sociolinguistique a établies entre les différentes situations bi- ou plurilingues dans le monde, ne sont pas, par l'instant, trop subtiles. Il y a une tendance à mettre sur le même pied des situations qui pourtant peuvent être très différentes. C'est le cas, par exemple, des situations appelées *diglossiques,* notion qui a été aussi appliquée pour définir notre situation et qui a une place centrale dans les discours sociolinguistiques galiciens (voir Herrero Valeiro à paraître). Nous avons beau ramener l'amas des situations plurilingues à quelques types, la comparabilité réelle entre les différents cas (par exemple, entre les situations que nous appelons diglossiques) reste toujours un problème. Au sein de la sociolinguistique galicienne, il y a aussi des contributions à ce débat international (dans lequel nous pouvons remarquer, par exemple, Berruto 1995 : 227-250) qui apporteront de nouvelles perspectives théoriques pour l'analyse générale des plurilinguismes, et aussi pour l'analyse de notre situation. C'est le cas des travaux de Fernández sur la notion de *diglossie* (1993a, 1995, 1997a, 1997b, et aussi les travaux à venir qui y sont annoncés). D'après cet auteur, la notion de Ferguson serait déjà en elle-même (et ceci avant que des propositions allant dans le sens d'élargir cette notion aient été lancées) « un conjunto demasiado heterogéneo como para que pueda llevar a una tipología adecuada de las situaciones sociolingüísticas » (1995 : 188). Peut-être, la tendance à ramener à quelques types les situations plurilingues dans le monde, devrait être contrecarrée par une tendance allant dans le sens contraire, à savoir celle d'une certaine irréductibilité des situations bilingues. Dans ce sens, le bilinguisme des situations où la distance interlinguistique est très faible (comme c'est le cas pour la Galice) est d'une telle nature que ce fait devra avoir des retombées méthodologiques et analytiques tout aussi bien sur les recherches micro que sur les recherches macro[23].

3. Le comportement bilingue. Analyse microsociolinguistique de quelques cas.

3.1. Pour ce qui est du bilinguisme[24] galicien / espagnol, nous allons proposer l'analyse de deux cas de langue réelle

23. Pour ce qui est de la distance interlinguistique, dans l'ensemble de l'Espagne nous trouvons au moins trois situations avec des différences relativement importantes entre elles. Dans un but, nous avons le bilinguisme basque-castillan, avec une distance maximale, dans l'autre but le bilinguisme galicien-castillan, avec une distance minimale. Ce fait contribue à configurer trois situations de bilinguisme avec des traits spécifiques au niveau des usages, et aussi avec des vécus par rapport aux langues en partie propres à chacune d'entre elles.

24. Bien entendu, tout en acceptant son caractère de fourre-tout, nous utilisons le terme *bilinguisme* dans son sens large, c'est-à-dire, comme l'existence de deux langues dans un même territoire et pour une même population.

pour leur analyse. Comme nous l'avons dit ci-dessus, le comportement des locuteurs, qu'il soit appréhendé à travers la méthode des questionnaires, ou à travers l'analyse micro-sociolinguistique, c'est la clé qui nous permettra de construire des théorisations un peu plus fermes sur la situation de la Galice. Dans ce sens, ce que nous appelons les *aléas théoriques,* c'est-à-dire, les contingences théoriques propres à un stade concret du développement de nos réflexions, doivent être contrecarrés par des approches des faits langagiers produits au quotidien.

Le cas 1 (voir ci-dessous) a été enregistré aux halles de la ville de Lugo. Il fait partie d'une étude portant sur les alternances codiques et la négociation du choix de code dans les interactions client-vendeur, spécialement entre les vendeurs-paysans qui viennent en ville vendre leurs produits, fabriqués de façon artisanale, et les clients *urbanitas* (Rodríguez-Yáñez 1995). Il s'agit de vendeurs *pendulaires* (cf. le terme *migrations pendulaires* de Brougham 1986 ; Gagnon 1988) qui habitent à la campagne et qui font le trajet aller-retour normalement deux fois par semaine, le mardi et le vendredi, c'est-à-dire les jours de marché. Donc, les halles, « lieu d'interconnexion entre deux structures sociales » (Poche 1980 : 257), constituent un espace physique et symbolique pour la rencontre entre le *monde rural* et le *monde urbain*, aussi bien sur le plan anthropologique que sociolinguistique.

Le cas numéro 2, une interaction entre deux enfants, a été enregistré dans une maison située dans la ville d'A Coruña. Il s'agit aussi d'un cas où l'un des participants est *urbanita* et l'autre *ruralita*.

Donc, pour l'ensemble des cas qui suivent, en premier lieu, il s'agit de voir comment les participants gèrent ces rencontres tout en construisant leurs identités conversationnelles. En deuxième lieu, nous pouvons analyser dans quelle mesure cette gestion peut être interprétée comme la gestion de différences du type rural-urbain. En général, nous allons voir que ce qui est négocié à travers la construction conversationnelle des identités, ce n'est pas l'appartenance des participants à un groupe (celui des castillanophones) ou à un autre groupe (celui des galicienophones), mais l'utilité que peut avoir, pour leurs intentions de communication dans le cadre des objectifs spécifiques de chaque interaction, telle ou telle façon de se (re)présenter, que ce soit à travers un code ou à travers un autre, ou, comme il arrive souvent, à travers un certain degré d'hybridation codique. D'ailleurs, la différentiation *monde urbain* vs. *monde rural* (ou *urbanitas* vs. *ruralitas*), toute opérationnelle qu'elle soit comme point théorique de départ, est loin de se correspondre, dans la réalité interactionnelle, à des catégories nettes.

Dans le cas numéro 1, une vendeuse *ruralita*[25], qui entretient des histoires conversationnelles avec une partie des partici-

25. Signalons que cette identification va de soi : en effet, les vendeurs *ruralitas* sont presque tous ensemble, groupés dans une même partie des halles. Par ailleurs, ils sont normalement debout, avec leurs produits placés par terre. Sans aucun doute, leurs traits vestimentaires sont aussi très importants au niveau

pants de cet épisode, va reconduire le choix de code proposé par ses clientes (le galicien), proposant, au bout de quelques tours de parole, un choix de code castillan. De cette façon, l'une des clientes et la vendeuse vont se servir de codes différents jusqu'à la fin de l'interaction. Dans le cas 2, deux cousins (l'un d'entre eux *urbanita*, l'autre *ruralita*) ont une discussion. En général, et dans le but de mieux sauver sa face, chacun d'entre eux va se servir d'un code différent. Ce cas montre que la coopération conversationnelle (dans ce cas, pour discuter) peut exister indépendamment des différences qui existent dans les répertoires linguistiques des participants.

3.2. Dans le cas qui suit (cas numéro 1, « No pan », « Chez la boulangère ») des clients *urbanitas* interagissent avec une vendeuse *ruralita*. Les fragments en galicien sont en caractères normaux. Les fragments en castillan sont en caractères **gras**. Certains fragments non identifiables du point de vue de leur forme comme appartenant à un code à l'exclusion de l'autre code, sont indiqués en *italiques*. Pour ce qui est des conventions de transcription utilisées, voir l'appendice à la fin de ce travail.

---

perceptif immédiat.

(1a) No pan (5-11-91/14A)

Os clientes son *urbanitas.* A vendedora é *ruralita.*

C1: clienta. C2: mozo que acompaña a C1. C3: moza que acompaña ós anteriores. A: clienta. V: vendedora.

1 C1: [a C3] era esta á que lle compraba eu **mujer** era esta
2 C2: [a C1] *bueno* outro día será logo
[Achéganse ó posto]
3 C1: [a V] (non) *sabía que estaba usté* →
4 V: *hola* →
5 C1: [sinala os panes] {[f] non os ten pequenos ?} →
6 V: non me quE:dan ↑
7 termine:inos: ↓
8 C1: ... [a V] {[p] [dc] *e*(s) *que estos son m*(*u*)*i grandes*} ↓
9 <1,5>
10 {[dc] **es que yo lo quería pequeño** ↓
11 **pero son muy grandes** ↑
12 **estos** ↓}
13 ... [a C3] *verdá #nome#* →
14 **el grande no:** ↓
15 *verdá* ? ↑
[Nese momento, unha segunda clienta (A) achégase ó posto]
16 C2: [a C1] {[ac] pois ti colles eu: o que levamos ao:ra →
17 cólleo ti ↑
18 i eu levo este →
19 que a min dáme igual e[so]} ↓
20 C1: [a C2] [*pe*]*ro si son igual de grandes* → =
21 C2: = {[ac] *son igu*[*ales de grande*]*s* ?} →
22 A: [a C2] [é que::]
23 .. é dE::[:] →
24 V: {[ac] [e]**s trigo del país**::} →
25 A: ..{[ac] **trigo del país**} ? ↑ =
26 V: = *si!* →
27 <3>
28 C1: [a V. Sinalando un pan] {[p] [b] **llevo este anda**} ↑
29 [V envolve o pan] <4,5>

30 A: e máis pequeno non tEn ? ↓
31 V: **más pequeño no me queda** →
32 **los traje pero no me quedan** ↓
33 C1: [a V] **cuánto era** [*(xx)*] ?
34 A: [a V] {[ac] [i o] viernes ?} →
35 V: [a C1] **doscientas**: → =
36 A: = **el viernes** volve(s) ? →
37 V: *SI*: ↑
38 A: (e) trainos máis pequenos ? ↓
39 V: *SI*:: ↑
40 ... {[ac] **traj- los traje siempre**} →
[C1 paga o pan]
41 A: *si*[::]
42 V: {[ac] [**lo**] **que pasa es que hoy no me queda** ↓
43 *eh*} ↑
44 C2: ta logo
[C1, C2 e C3 marchan]
(...)

(1b) Chez la boulangère

Les clients, sont des *urbanitas*. La vendeuse est *ruralita*.

C1: cliente ; C2: jeune homme qui accompagne C1 ; C3: jeune fille qui accompagne C1 et C2 ; A: cliente ; V: vendeuse.

1 C1: [s'adressant à C3] c'est celle-là à qui j'achète normalement **ma belle** c'est celle-là
2 C2: [à C1] *bon* ça sera pour une autre occasion
[Ils s'approchent de l'étalage]
3 C1: [à V] *je savais* (pas) *que vous étiez là*
4 V: *bonjour*
5 C1: [elle signale les pains] vous n'en avez pas de plus petits ?
6 V: il ne m'en reste plus
7 je les ai finis
8 C1: [à V] *parce que ceux-ci sont trop grands*
9 <1,5>
10 **parce que moi j'en voulais un petit**
11 **mais ils sont trop grands**
12 **ceux-ci**
13 [s'adressant à C3] *n'est-ce pas #prénom#*
14 **pas si grand que ça**

15 *n'est-ce pas ?*
[À ce moment-là, une deuxième cliente (A) s'approche de l'étalage]
16 C2: [à C1] alors tu prends moi celui que nous venons d'acheter
17 tu le prends pour toi
18 et moi j'achète celui-ci
19 m'est égal
20 C1: [à C2] *mais ils ont le même poids*
21 C2: *ils ont le même poids* ?
22 A: [à C2] c'est que
23 c'est du
24 V: **c'est du blé du pays**
25 A: **du blé du pays** ?
26 V: *oui*
27 <3>
28 C1: [à V. Elle signale un pain] **allez! j'emporte celui-ci**
29 [V met le pain dans un sac] <4,5>
30 A: et vous n'en avez pas de plus petits ?
31 V: **de plus petits j'en ai plus**
32 **j'en avais mais j'en ai plus**
33 C1: [à V] **c'était combien** (xx) ?
34 A: [à V] et vendredi ?
35 V: [à C1] **deux cents**
36 A: [à V] vous revenez **ce vendredi** ?
37 V: *oui*
38 A: (et) vous en apporterez de plus petits ?
39 V: *oui*
40 **j'en j'en ai toujours apportés**
[C1 paie son pain]
41 A: *oui*
42 V: **c'est qu'aujourd'hui j'en ai plus**
43 *n'est-ce pas* ?
44 C2: au revoir
[C1, C2 et C3 partent]
(...)

Une femme (C1) a acheté du pain chez une boulangère qui n'est pas sa boulangère habituelle. Quelques mètres plus loin, elle aperçoit cette dernière (ligne 1), qui, à son tour, la regarde aussi. La femme, son pain sous le bras, se sent alors un peu embarrassée et elle décide de négocier un nouvel achat auprès de sa boulangère habituelle. Après avoir esquissé une sorte d'excuse (3), la cliente lui demande si elle a des pains plus petits que ceux qui sont exposés sur son étalage (5). Pour l'instant, la langue utilisée est le galicien : la vendeuse (V) fait aussi un choix de code galicien (6, 7) tout comme le lui propose la cliente. Signalons dès maintenant que, par la suite, la vendeuse va utiliser dans toutes ses interventions (c'est-à-dire, à partir de 24) le castillan, et cela même si la cliente A (qui ne va intervenir qu'à partir de 22) propose un choix de code galicien. Donc, dans une bonne mesure, l'analyse qui suit a pour but l'explication de ce fait majeur.

Dans les lignes 10, 11, 12 et 14, C1 va changer de code (les lignes 8, 13 et 15 sont difficilement identifiables comme appartenant à un code à l'exclusion de l'autre). Cet usage du castillan semble être, avant tout, une stratégie discursive dont la cliente se sert pour raffermir la réparation de sa déloyauté envers la vendeuse. En effet, même si C1 s'adresse à la jeune fille qui l'accompagne (C3) aussi en castillan (14), nous ne pouvons pas pour autant interpréter de façon précise quel est le rôle du destinataire C3 dans ce changement de code (et cela même si ses traits externes —jeune fille à l'allure d'*urbanita*— renvoient au stéréotype d'un locuteur castillanophone). En fait, dans la ligne 1, C1 lui parle en galicien (sauf pour ce qui est du *tag-switching* **mujer**). Donc, tout porte à conclure qu'il ne s'agit pas d'une alternance fondamentalement situationnelle. Cependant, il se peut que, en marge des intentions de C1, cet usage du castillan ait sur la vendeuse l'effet conversationnel de mettre en relief la présence de C3 et, par là, ses traits externes (en fait, la vendeuse n'a pas entendu C1 lorsqu'elle s'est adressée à C3 en galicien, car elles étaient encore trop éloignées de son étalage). Ce qui est sûr c'est que, au moins, cela lui fournit un cadre interprétatif où les identités conversationnelles des clientes sont créées *aussi* à travers ces usages. En somme, il est possible qu'une alternance dont l'intention est conversationnelle soit interprétée par V comme étant plutôt situationnelle.

Quoi qu'il en soit, le client C2 (qui accompagne C1 et C3), tout en utilisant le galicien, propose à C1 d'acheter un autre pain (16 à 19). Par là, C2 contribue à réparer la déloyauté envers cette vendeuse. Pourtant, la réplique immédiate de C1, avec chevauchement, risque de rendre encore plus embarrassante cette situation, puisqu'elle révèle un manque d'accord entre les deux clients (20). C'est maintenant que la cliente A intervient pour la première fois (22). Elle s'était approchée de l'étalage un peu avant la première intervention de C2. D'après la classification de Goffman, A n'était qu'une spectatrice (*bystander*) du type des récepteurs « en surplus » (*overhearers*), ce qui est très fréquent dans les espaces publics (Kerbrat-Orecchioni 1990 : 86-91). Maintenant, elle va profiter de l'échange entre C2 et C1 pour s'introduire dans la conversation et devenir une participante ratifiée. Ainsi, elle s'autosélectionne tout en produisant un chevauchement par rapport à l'intervention de C2 (21, 22). Apparemment, elle donne une explication aux doutes des clients C1 et C2 (22, 23). Mais elle cherche aussi à se renseigner sur les produits qui sont exposés sur l'étalage pour, éventuellement, négocier un accord commercial avec la vendeuse. En fait, l'intervention de cette dernière (24) implique que la locutrice A est reconnue dans son rôle de cliente.

Comme nous le voyons, le choix de code de la cliente A est aussi le galicien. Pourtant, contrairement à son intervention précédente, à partir de la ligne 24 et pendant tout le fragment que nous avons enregistré, la vendeuse va choisir le castillan. À travers ce nouveau choix, elle a décidé de redéfinir le cadre situationnel. Le fait qui semble déclencher directement ce changement de code, c'est l'explication que la cliente A entame lors de sa première intervention. En effet, la vendeuse vient au secours de la cliente. Le *tempo* accéléré et le chevauchement entre 24 et 23 signalent la disposition que la vendeuse a de reprendre son rôle. De plus, le changement de code lui permet de mieux souligner cette intention.

Pourtant, le fait que, par la suite, la vendeuse maintienne toujours le choix du castillan (24, 31, 32, 35, 40, 42) semble indiquer que l'usage qu'elle a fait de ce code dans 24 n'a pas été qu'un simple changement de code dans le but d'indiquer clairement une caractéristique importante des produits qu'elle vend, mais qu'il a plutôt obéi au besoin de gérer une interaction complexe, où vont se développer deux négociations commerciales en même temps. Dans ce sens, une nouvelle intervention de C1 en castillan (28) corrobore qu'il y a bien une diversité d'identités conversationnelles en jeu. Donc, à travers son usage du castillan, la vendeuse va construire son interaction avec les clients dans le cadre d'une relation professionnelle qui va lui permettre, en même temps, de sauvegarder les identités conversationnelles des différents participants, et de prendre directement en main la gestion de l'interaction. En fait, le tournant qui commence dans 24 aboutit sur un premier accord commecial avec C1 (28).

De son côté, la cliente A, toujours en galicien (sauf pour répéter une question dans le syntagme nominal de 36), va négocier un accord commercial avec la vendeuse. Pour ce faire, les deux participantes développent une structure conversationnelle en duo, sur une base question-réponse, où chacune d'entre elles va maintenir son choix de code (30/31-32, 34-36/37, 38/39-40-42).

Pour conclure, remarquons que les clients définissent conversationnellement l'identité de V en tant que *vendeuse pendulaire* : C1 et C2 développent une réparation et, par là, ils nous montrent qu'ils ressentent leur faute comme assez grave. En fait, d'après ce que nous avons observé aux halles, la loyauté client-vendeur semble spécialement importante avec les vendeurs qui font le trajet aller-retour entre la ville et la campagne. Donc, à travers leur insistance dans la réparation, C1 et C2 « coincent » la vendeuse dans son identité de *ruralita*. Aussi, les questions de la cliente A sont en bonne mesure axées sur son désir de savoir quand est-ce que la vendeuse reviendra au marché avec des pains plus petits. Cependant, la vendeuse décide d'en faire autrement, se présentant à travers son identité de *professionnelle*. Cette stratégie de distanciation va lui permettre de se sauver de l'identité que ses clients lui attribuent conversationnellement. En somme, loin d'accepter d'être immobilisée dans *son monde,* elle crée, à travers les usages du castillan, un cadre interprétatif où la pendularité est une caractéristique professionnelle et non tellement culturelle.

Ce cas montre que ce que du point de vue des catégories externes serait une interaction interculturelle entre des *urbanitas* et des *ruralitas*, c'est en réalité une vraie négociation conversationnelle des identités des participants, qu'elles soient rurales, urbaines ou autres.

3.3. Dans le cas qui suit (numéro 2, « Os dous primos », « Les deux cousins »), deux cousins âgés de neuf et treize ans sont chez ce dernier. A habite dans un petit village à la campagne. Par contre, B habite dans une ville.

(2a) Os dous primos (FC-92/93)[26]

A: neno de nove anos. B: neno de trece anos.

1 A: **vamos al** *montecarlo* ?↓
2 B: *a qué* ? →
3 **a gastar más dinero** ? ↑ =
4 A: = **pues** *sí:*
5 B: *síi*
6 ... *sí bueno* **tú tenías** {[ac] (xxx *con*) **cuatro mil pelas y sólo te quedan dos mil**} →
7 A: .. {[f] [ac] inda me falta un billete de mil →
8 a ver quen mo manGOu} ↑
9 B: {[p] [b] *si:*} →

26. Ces données sont tirées du travail de cours de José A. Fernández Cid (année scolaire 1992-93).

10 A: .. {[f] [b] a ver quen mo mangou} ↓
11 B: **pues tú me enseñaste a mí cuatro mil cuando**
llegaste a *#topónimo#* →
12 ... *que* {[ac] **di[jiste**]} →
13 A: {[ac] [f] [a] [**pues** *a*] *ver que*(n) [*me fa-*]}
14 B: {[ac] [*te*(**ngo**)]}
15 ... **tengo cuatro mil pesetas** →
16 ... {[ac] **entonces te lo habrán mangao en el coche**} ↓
17 ... {[ac] **pararías en una gasolinera y el chorI:zo**} ↑
18 A: [sorriso] {[p] *sii:: tío*} →
19 ... *a ver si aparecen* →
20 porque como non aparezan ↑
21 heite .. heite cantar ben ↓
22 <3>
23 e:: si non dígolle á tía que me mangaches vinte mil p- OU
catro mil pesetas →
24 <1,5>
25 [sorriso] voullo dicir ↑
26 B: .. {[p] o que queiras}
27 <2>
28 A: {[f] *TÍA::::* ↑
29 .. o *#nome#* mangoume dúas mil peSE:::tas} →
30 <4>
31 [ruído de forcexeo] **déjame jo:O:** →
32 *a::h .. ah* ↑
33 *a:::h* **dÉ::jame** →
34 ... {[a] *tu* sempre *me estás pegando*} *eh*
(...)

(2b) Les deux cousins

A: enfant âgé de neuf ans. B: enfant âgé de treize ans.
1 A: **on va au** *montecarlo* ?
2 B: *quoi faire* ?
3 **dépenser encore plus d'argent** ?
4 A: **ben** *ouais*
5 B: *ouais*
6 *ouais ben* **t'avais** (xxx *avec*) **quatre mille pesetas et il t'en reste que deux**

A: il me manque encore un billet de mille
on va voir qui me l'a piqué
B: *ouais*
A: on va voir qui me l'a piqué
B: **ben tu m'as montré quatre mille pesetas quand t'es arrivé à** *#toponyme#*
t'avais dit
A: **ben,** *je les ai p-*
B: *j'***(ai)**
j'ai quatre mille pesetas
alors on te l'a piqué sans doute dans la bagnole
tu t'es arrêté à la station essence et le voleur
A: [sourire] *ouais le mec*
on va voir si je les retrouve
parce que si je les retrouve pas
ça va ça va chauffer
<3>
sinon je dis à la tante que tu m'as piqué vingt mille pe- ou quatre mille pesetas
<1,5>
[sourire] je vais lui dire
B: ce que tu voudras
<2>
A: *tante*
#prénom# m'a piqué deux mille pesetas
<4>
[bruit de lutte] **lâche-moi**
aouh aouh
aouh **lâche-moi**
t'es toujours *en train de me taper dessus hein*
(...)

A propose à B d'aller dans un établissement (1), vraisemblablement pour y jouer. Nous voyons que cette proposition est implicitement rejetée par B à travers la formulation d'une critique indirecte (2, 3). A réagit de façon immédiate (4), enchaînant son intervention sur celle de B, ce qui montre qu'il se tient sur la défensive ou qu'il n'est pas prêt à se laisser faire dans cette espèce de duel verbal qui va se développer par la suite. Ensuite, B développe directement sa critique envers son cousin (5, 6), qu'il accuse de trop dépenser. Jusqu'ici, l'interaction a eu lieu en castillan. Pourtant, cette fois-ci, A réagit violemment à travers une accusation plus grave encore (7, 8 — a ver quen mo manGOu, « on va voir qui me l'a piqué »), énoncée en galicien, avec un volume *fortis* et un *tempo* accéléré. Lorsque B essaie de rétorquer (11, 12), toujours en castillan, il n'arrive pas à exposer ce qui pourtant pourrait être un argument décisif, les mots de son cousin (12), et cela même s'il s'empresse de le faire. En effet, A interrompt cette argumentation (13), toujours à travers un énoncé accéléré, au volume *fortis* et sur un ton aigu, dans le but de s'imposer verbalement à B (cette fois-ci le code utilisé ne peut pas être identifié comme galicien). Mais B ne se laisse pas faire et, à son tour, il interrompt A, réussissant enfin à rapporter en castillan les mots de son cousin (14, 15 — **tengo cuatro mil pesetas**, « **j'ai quatre mille pesetas** »). Ensuite, il offre une explication ironique de la disparition de l'argent (16, 17), qui est ressentie par A comme une boutade (18; remarquons le prolongement du *sii::* et aussi le sourire). A reprend encore une fois son accusation précédente (19, énoncé qui n'est pas identifiable comme appartenant à un code précis), atteignant cette fois-ci la menace (20, 21), exprimée à travers le code galicien. Du moment que son cousin ne réagit pas (22), il essaie, toujours en galicien, une autre stratégie : il a recours à sa tante, lui signalant B comme voleur de son argent (23). Pourtant, B ne réagit toujours pas (24). Son cousin insiste à nouveau dans sa provocation (25), et il obtient une réponse de B, cette fois-ci en galicien (26 –o que queiras, « ce que tu voudras »).

Remarquons que c'est là la seule intervention en galicien de B. À travers ce changement de code, le locuteur souligne son adoption momentanée d'un rôle comparable à celui de son cousin, dans le but de lui faire comprendre qu'il ne veut pas continuer à jouer son jeu. Le volume *piano* de cette intervention contribue à souligner que, en réalité, cette convergence codique n'est qu'un recours qui contribue à la création conversationnelle d'un rôle de « cousin condescendant et patient » envers le petit cousin.

Une réponse de cette sorte dans un rituel de dispute verbale peut indiquer en même temps que l'on est à bout de patience. Par là, le locuteur peut avoir l'intention d'avertir que toute autre provocation pourra déchaîner une réponse d'un autre type. Quoi qu'il en soit, A met en oeuvre ses menaces, s'adressant à sa tante, qui serait quelque part dans la maison (28, 29). Toujours en galicien, A se sert d'un volume *fortis* et aussi de prolongements très accentués. Finalement, la réaction de B est d'agresser physiquement son cousin (31, 32, 33). Maintenant, A utilise le castillan pour demander à son cousin (et sur un ton de plainte) de le lâcher (31, 33); pourtant, il revient au galicien lorsqu'il a un nouveau reproche à lui adresser (34 –tenons pourtant compte des difficultés pour identifier ce fragment). Enfin, le contact physique sanctionne la fin de cette séquence rituelle de dispute, ce qui évidemment n'empêche pas que, un peu plus loin, ils recommencent à nouveau.

Dans cette interaction, nous voyons comment chacun des participants introduit des modifications dans sa façon de produire son identité conversationnelle à travers, parmi d'autres, des changements de code. Lorsque le participant A cherche l'accord de son cousin il utilise le castillan (1). Lorsqu'il se plaint (31, 32, 33), il emploie aussi le castillan. Par contre, lorsqu'il attaque B, soit à travers des accusations (7, 8, 10, 29), soit à travers des menaces (20, 21, 23, 25), soit à travers des reproches (34), il utilise le galicien. De son côté, B n'utilise le galicien que très ponctuellement (26). Donc, la place que le comportement bilingue occupe dans la construction des identités conversationnelles de chacun des participants, et dans leurs respectifs styles conversationnels pour discuter, est très différente. Pour A, à travers sa compétence bilingue, il s'agit de nuancer, à travers un jeu de rapprochements et d'éloignements, la reproduction interactionnelle du rapport qu'il entretient avec son cousin. Dans ce jeu, où il fait figure du petit cousin, son usage du galicien est en même temps son refuge et son arme. En ce qui concerne B, sa contribution au duel verbal est orientée par un rôle plutôt non changeant, de « grand cousin qui est taquiné par son petit cousin ». Signalons que dans la construction verbale de cette interaction, la différence d'âge entre les deux cousins semble être un facteur important, et cela dans le sens où le petit cousin peut modifier son désavantage initial face au grand cousin, à travers, entre autres, le recours aux changements de code, qui en fait lui fournissent la possibilité d'adopter des rôles conversationnels changeants (« accusateur », « petit cousin », etc.) et, par là, de mieux taquiner B.

Nous pouvons constater que des participants qui possèdent des manières très différentes de se présenter conversationnellement (car ils ont appris à créer leurs identités conversationnelles dans des réseaux interactionnels différents – dans des réseaux plutôt urbains ou, au contraire, plutôt ruraux –, donc employant des indices de contextualisation différents), coopérent pourtant à la construction d'une dispute, à travers l'interaction de leurs respectifs répertoires linguistiques (aux différents degrés de bilinguisme), tout en protégeant leurs droits respectifs.

3.4. Si nous voulons analyser d'un point de vue sociolinguistique la rencontre entre le *monde urbain* et le *monde rural*, la récolte d'interactions entre des *urbanitas* et des *ruralitas* semble être opérationnelle. Néanmoins, comme nous venons de le voir, cette catégorisation n'implique pas que les choix de code des différents participants soient préétablis, ni que le développement de la négociation de ces choix soit prévisible, et cela même si nous pouvons en dégager quelques tendances générales.

D'après Grimshaw (1990 : ix), les recherches sur la parole et sur les conflits sociaux peuvent être complémentaires, et cela dans le sens où à travers l'étude de la parole nous pouvons aboutir à une connaissance plus approfondie de ces derniers. Les interactions que nous venons d'analyser entre *ruralitas* et *urbanitas*, ainsi que la plupart des cas que nous avons étudiés dans nos recherches, sont loin de tourner *per se* autour de la résolution d'un quelconque conflit, moins encore d'un conflit symbolisé à travers les codes en présence. Dans le premier point de ce travail nous avons dit que, si l'on caractérisait la situation galicienne comme étant conflictuelle, ce conflit serait plutôt de nature culturelle au sens anthropologique du terme. De cette façon, nous pourrions nous attendre à ce que les interactions entre *ruralitas* et *urbanitas* (considérées donc comme des interactions interculturelles) soient le lieu symbolique de la résolution d'un conflit. Pourtant, c'est justement la création d'un cadre interprétatif (d'un contexte d'implicites culturels) commun à *urbanitas* et à *ruralitas*, souvent à travers l'utilisation du galicien, qui permet d'adoucir les différences qui existeraient entre les identités des participants.

Pour ce qui est des interactions commerciales, il est vrai qu'elles ont tendance à être spécialement coopératives, autrement les participants risqueraient de nuire à leurs intérêts économiques. Mais c'est aussi la raison pour laquelle les halles sont un excellent milieu pour étudier comment les participants mènent cette gestion commerciale tout en gérant leurs possibles différences linguistiques (Calvet 1985, 1987). Ce qui peut surprendre c'est le fait que ce soient les clients *urbanitas* qui, souvent, convergent avec les vendeurs *ruralitas*, et non le contraire. Ici, il nous paraît qu'un autre facteur doit être signalé. Les halles de la ville de Lugo (tout comme l'ensemble des marchés traditionnels) symbolisent une certaine appartenance culturelle. Ainsi, pour les clients (parmi lesquels les clients *urbanitas*) cet espace serait aussi celui du renouvellement de leur appartenance de groupe. On souligne souvent la sociabilité comme l'une des caractéristiques inhérentes aux marchés (Nordin 1983 ; Lindenfeld 1990). Les gens y vont non seulement pour acheter, mais aussi pour parler. De cette façon, dans leurs interactions avec les vendeurs *ruralitas*, les clients *urbanitas*, à travers une sociabilité qui va se dérouler dans un mileu marqué du point de vue identitaire, participeraient de la possibilité de se représenter interactionnellement à travers l'usage du galicien (possibilité qui avec les vendeurs *ruralitas* va de soi), se rapprochant par là des identités des *ruralitas* telles qu'elles sont perçues. « Je suis un peu comme vous », semble être l'implicite de cette approche. Bien entendu, comme nous l'avons vu dans le cas de la boulangère, cette tactique n'est pas toujours entièrement acceptée. Justement, dans la mesure où les marchés traditionnels auraient tendance à disparaître, ils peuvent être envisagés en tant qu'espaces symboliques de la tension entre ces deux mondes, le monde rural étant subordonné au monde urbain.

Par ailleurs, dans certains cas (comme dans l'interaction entre les deux cousins), chaque participant maintient son code dans une bonne partie de l'interaction. Cela montre que la réussite d'une interaction peut très bien avoir lieu sans qu'on ait choisi un code commun. Aussi, cela prouve que la compétence bilingue comporte que les locuteurs soient prêts à interagir coopérativement avec des locuteurs ayant des normes de comportement par rapport aux codes en présence partiellement différentes des nôtres, c'est-à-dire avec des façons différentes de construire l'identité. Il s'agit là de l'un des faits les plus remarquables des situations bilingues.

Pour conclure, nous pouvons dire que l'identité bilingue n'est pas *une*, mais la possibilité que les participants ont de se situer dans l'éventail du continuum identitaire à travers tels ou tels autres choix linguistiques, incluant bien entendu les variétés intermédiaires. Les manières que les locuteurs ont de gérer leurs différences *in vivo* semblent donc être de toute autre nature que celles que les planificateurs proposent à travers la gestion *in vitro* (voir Calvet 1987). En plus, l'analyse de la gestion spontanée des identités a tendance à nous montrer que l'hypothèse selon laquelle une barrière identitaire existerait entre les *galicienophones* et les *castillanophones* n'est qu'une simplification qui obéit aux besoins de la théorie aprioriste du conflit linguistique. Face aux discours habituels sur les identités minoritaires, nous sommes d'accord avec Poche lorsqu'il écrit (1987 : 103) :

> Si donc il y a identité, c'est celle que le groupe s'attribue, c'est-à-dire celle que ses membres s'attribuent collectivement à travers lui en fonction de leurs « jeux » d'interprétation et de transaction; rien ne s'oppose donc à ce que cette identité soit mobile dans le temps, ou multiple; la multiplicité des enjeux individuels permet en effet les combinaisons; dès que l'on abandonne une vision exogène (et donc « absolue ») de l'identité des groupes minoritaires, ces phénomènes de pluriappartenance individuelle, ou de passage d'un groupe à l'autre, apparaissent comme des processus interactionnels fondamentaux, donc des *constituants majeurs des définitions des groupes*. Ce sont ces définitions de groupes que l'on appelle habituellement identité collective (...)

4. Épilogue.

L'un des problèmes de notre sociolinguistique (cela étant aussi un problème général de cette discipline), c'est que nous n'avons pas toujours construit un va-et-vient entre les recherches empiriques, la réflexion théorique, et la sociolinguistique appliquée. Quant aux premières, nous avons énoncé quelques idées qui pourraient contribuer à un dialogue entre les recherches par questionnaire (qui constituent la partie la plus importante de notre tradition sociolinguistique) et les recherches du type micro (qui mettent au jour des aspects qui vont au-delà de toute simplification sur les identités des locuteurs).

Nous avons aussi exprimé notre conviction selon laquelle les recherches empiriques sur le cas galicien, accompagnées d'un renouveau dans nos réflexions théoriques, devront nous permettre de dépasser l'ancien paradigme du conflit linguistique et, de façon particulière, la dichotomie à caractère maximaliste entre la *substitution* et la *normalisation* (ou 'récupération') linguistiques. Dans un autre travail (Rodríguez-Yáñez 1993b : 245), nous avons proposé de substituer le terme *normalisation*, dont les connotations sont trop évidentes (voir Calvet 1993 : 120), par le terme, ayant cours dans le domaine international, de *planification linguistique*. C'est justement à cause du caractère discutable des processus de planification des identités collectives (qui sont des *choix*, donc devant être renvoyés au domaine du débat politique) qu'un débat théorique visant le dépassement de ce paradigme si fortement connoté devrait être entamé.

Des travaux théoriques récents, comme ceux de M. Fernández sur le concept de *diglossie* (1993a, 1995, 1997a, 1997b) et d'Álvarez-Cáccamo sur le concept de *code-switching* (1997), nous permettent de prévoir que le renouveau théorique de notre sociolinguistique sera en bonne partie la conséquence des contributions rigoureuses aux problèmes généraux de la sociolinguistique ayant cours dans le domaine international.

L'articulation entre les niveaux empirique, théorique et appliqué semble d'autant plus nécessaire que d'un côté, il y a une diversification progressive dans les voies de recherche sur le cas galicien, et que, d'un autre côté, il reste beaucoup de travail à faire dans le domaine de la planification linguistique. En ce qui concerne cette dernière, peut-être nous devrions nous demander non seulement *comment* aborder la politique et la planification linguistiques, mais aussi, tout comme le propose Calvet (1996), *pourquoi* et *pour qui* planifier. Dans un domaine si enclin aux affrontements passionnés, la rationalisation du débat pourrait contribuer de façon décisive à l'élaboration et la réussite d'un projet de planification.

Il est vrai que, de notre point de vue, le débat linguistique devrait dépasser le cadre strictement galicien (ou strictement basque, catalan, etc.). En effet, à moyen ou à long terme, la prise en charge par le gouvernement central de certains aspects de politique et de planification linguistique des langues de l'Espagne, nous semble non seulement politiquement souhaitable (et cela dans le but de contrecarrer des dérives du genre du nationalisme linguistique), mais surtout indispensable pour mener à bien une quelconque articulation cohésive du complexe identitaire espagnol. En effet, les pays, les vieux États historiques, ne sont pas que des assemblages de pièces robotisées, mais des entités complexes à plusieurs niveaux identitaires. Renversant les discours habituels sur ce problème, nous pouvons affirmer que la question n'est pas seulement que l'ensemble de l'Espagne soit plurilingue, mais aussi que chaque communauté ayant sa propre langue est bilingue. Autrement dit, les usages du castillan font aussi partie intégrante des répertoires linguistiques des membres des réseaux de relations sociales dont nous faisons partie dans notre vie quotidienne. Ce fait devrait nous conduire à poser la gestion de *notre bilinguisme* en termes bilingues. Ce point de départ ne devrait pas nous empêcher de mener à bien une planification linguistique toute aussi réaliste qu'incontournable, accompagnée des mesures de discrimination positive dont, sans aucun doute, le galicien a besoin. Bien entendu, cette articulation des identités hispaniques implique une vision pluriculturelle de la société. Cela revient à dire que l'effort pédagogique, éducatif et culturel à faire dans cette direction semble être une inversion d'une importance capitale pour l'articulation politique et identitaire de l'Espagne moderne.[27]

---

27. À ce propos, signalons les initiatives récemment proposées par l'un des partis politiques les plus importants de la scène politique espagnole : dans tous les lycées de l'Espagne les élèves devraient avoir la possibilité d'étudier

Quoi qu'il en soit, espérons que les conséquences des aléas dans lesquels nous pataugeons ne soient pas trop pénibles pour les planifiés, et que leur syncrétisme linguistique et identitaire inspire de bonnes idées aux responsables des prises de décision.

Appendice : conventions de transcription (adoptées d'Alvarez-Cáccamo, 1990a)
galicien : caractères normaux
castillan (et autres langues) : caractères **gras**
segments non identifiables comme faisant partie d'un code à l'exclusion de l'autre : *italiques*

C: [hola]
V: [hola]   chevauchement (*voice overlapping*)

C: hola que tal =
V: = hola   enchaînement (*voice latching*)
..   pause de 0 à 0,5 secondes
...   pause de 0,5 à 1 seconde
<12>   pause plus longue, en secondes
{[a] hola} registre mélodique relativement aigu
{[b] hola} registre mélodique relativement grave
{[f] hola} volume relativement *fortis*
{[p] hola} volume relativement *piano*
{[ac] hola que tal} *tempo* relativement accéléré
{[dc] hola que tal} *tempo* relativement décéléré
↑ → ↓   intonation ascendente, soutenue, ou descendante (dernières syllabes)
hoLA   volume relativement plus fort (pour un segment court)
ilumina'dísimo   accent emphatique

---

les langues et les cultures galicienne, basque ou catalane ; aussi, dans chaque «communauté autonome», au moins l'une des universités devrait assurer des Maîtrises de langue et littérature galicienne, basque et catalane. Il nous semble que c'est à partir de propositions spécifiques allant dans ce sens que le travail pourra être entamé.

in*sano	accent contrastif
ho:la / ho::la	prolongement
ho—	son/syllabe interrompus
tanas (=estanas)	entre parenthèses, forme pleine
(hola)	son, mot ou phrase reconstruits
(xx)	syllabe inaudible
(V)	tour de parole attribué a V
#nom#	données confidentielles (nom de famille, prénom,etc)
he he he	rire
[il enlève ses lunettes]	commentaires (signes gestuels, kinésiques ou proxémiques ; autres)

Bibliographie :

Albarello L. (1987), *Effets sociaux des sondages d'opinion. Analyse systémique d'un phénomène nouveau : La sondifussion*, Louvain-la-Neuve, CIACO Éditeur.

Alonso Montero X. (1990), « Do Estado da lingua : algunhas cuestións », in *Grial*, 107, pp. 275-293.

Alvarez Cácamo C. (1990 a), *The Institutionalization of Galician : Linguistic Practices, Power, and Ideology in Public Discourse*, Ph. D. Dissertation, University of California at Berkeley [inédite].

Alvarez Cácamo C. (1990 b), « Rethinking conversational code-switching : codes, speech, varieties, and contextualization », in *Proceedings of the Sixteenth Annual Meeting of the Berkeley Linguistics Society*, Berkeley, EUA: BLS, pp. 3-16.

Alvarez Cácamo C. (1991), « Language revival, code manipulation and social power in Galiza: off-record uses of spanish in formal communicative events », in C.A. Klee (éd.), *Sociolinguistics of the Spanish-speaking world : Iberia, Latin America, United States*, Tempe, EUA : Bilingual Press / Editorial Bilingüe, pp. 41-73.

Alvarez Cácamo C. (1993), « The pigeon house, the octopus and the people : The ideologization of linguistic practices in Galiza », in X.P. Rodríguez-Yáñez (éd.), pp. 1-26.

Alvarez Cácamo C. (1996), « The power of reflexive language(s) : Code displacement in reported speech », in *Journal of Pragmatics*, 25, pp. 33-59.

Alvarez Cácamo C. (1997 [à paraître]), « From 'switching code' to 'codeswitching' : Toward a reconceptualization of communicative codes », in P. Auer (éd.), *Code-switching in Conversation*, Londres, Routledge.

Aracil Ll.V. (1965), *Conflit linguistique et normalisation linguistique dans l'Europe nouvelle*, Nancy, Centre Européen Universitaire [mémoire].

Bañeres J. (1992), « La tensió i el conflicte lingüístics. Els elements socials condicionants (1ª part) », in *Noves S.L.*, 17, pp. 17-30.

Bañeres J. (1993), « La tensió i el conflicte lingüístics. Els elements socials condicionants (2ª part) », in *Noves S.L.*, 18, pp. 18-30.

Bañeres J. et Romani I. J.M. (1994), « L'exhortation à la « normalisation » ou *Ho volem tot en català* (Nous voulons tout en catalan) », in *Lengas*, 35, pp. 27-44.

Berruto G. (1995), *Fondamenti di sociolinguistica*, Roma-Bari, Editori Laterza.

Blanchet Ph. (1994), « Problèmes méthodologiques de l'évaluation des pratiques sociolinguistiques en langues « régionales » ou « minoritaires » : l'exemple de la situation en France », in *Langage et société*, 69, pp. 93-106.

Boyer H. et Peytard J. éd. (1990), *Les représentations de la langue : approches sociolinguistiques*, in *Langue française*, 85.

Brougham J. (1986), « La périodicité de la géographie linguistique actuelle : essai méthodologie », in *The Canadian Geographer / Le Géographe canadien*, 30,3, pp. 206-216.

Cabrera J. (1992), *La nación como discurso. El caso gallego*, Madrid, Siglo XXI de España Editores.

Calvet L.J. (1985), *Les langues du marché*, Document CERPL n° 1, Université René Descartes-Sorbonne.

Calvet L.J. (1987), *La guerre des langues et les politiques linguistiques*, Paris, Payot.

Calvet L.J. (1993), *L'Europe et ses langues*, Paris, Plon.

Calvet L.J. (1996), « Las políticas lingüísticas, la libertad de los hablantes y el poder de los planificadores », conférence dans la *XIII Semana galega de Filosofía : Filosofía e Lingua*, Aula Castelao de Filosofía, Pontevedra, 8-12 avril 1996.

Carter H. (1981), *The Study of Urban Geography*, Londres, Edward Arnold, [3è édition ; 1ère édition, 1972].

Euromosaic (1996), *Producción y reproducción de los grupos lingüísticos minoritarios de la UE,* (Rapport).

Feldmand D. (1974), « Consideraciones sobre la identificación lingüística de la lengua gallega », in *Grial*, 43, pp. 38-48.

Fernández M.A. (1993 a), *Diglossia. A Comprehensive Bibliography 1960-1990 (and supplements)*, Amsterdam & Philadelphia, John Benjamins.

Fernández M.A. (1993 b), « La lengua materna en los espacios urbanos gallegos », in X.P. Rodríguez-Yáñez (éd.), pp. 27-53.

Fernández M.A. (1995), « Los orígenes del término *diglosia*. Historia de una historia mal contada », in *Historiographia Linguistica,* XXII : 1/2, pp. 163-195.

Fernández M.A. (1996 [à paraître]**),** « O uso do galego nos espacios urbanos », in *Actas I Congreso Internacional « A Lingua Galega : historia e actualidade »*, 16-20 septembre 1996, Santiago de Compostela, Instituto da Lingua Galega.

Fernández M.A. (1997 a [à paraître]**),** « La enseñanza de la lengua en ambientes diglósicos », in *Actas VI Congreso sobre enseñanza de la lengua en Andalucía*, Universidad de Huelva.

Fernández M.A. (1997 b [à paraître]**),** « La 'diglossie' en el 'Mercure de France' », in *Actas del I Congreso Internacional de la Sociedad Española de Historiografía Lingüística*, 18-21 février 1997, Universidade da Coruña.

Fernández Rodríguez M.A. et Rodríguez Neira M.A. coord. (1994), *Lingua inicial e competencia lingüística en Galicia*, Real Academia Galega, Seminario de Sociolingüística.

Fernández Rodríguez M.A. et Rodríguez Neira M.A. coord. (1995), *Usos lingüísticos en Galicia. Compendio do II volume do Mapa Sociolingüístico de Galicia*, Real Academia Galega, Seminario de Sociolingüística.

Fernández X.L. coord. (1996), *Guía bibliográfica de lingüística galega. Instituto da Lingua galega,* Vigo, Edicións Xerais.

Fernández Rei F. (1993), « La place de la langue galicienne dans les classifications traditionnelles de la Romania et dans les classifications standardalogiques récentes », in X.P. Rodríguez-Yáñez (éd.), pp. 89-120.

Gagnon J. (1988), « Les migrations pendulaires des travailleurs autochtones du nord de la Saskatchewan : symbole et réalité de l'intégration des indigènes », in *Cahiers de géographie du Québec,* 32 (86), pp. 151-172.

García Gondar F. dir. (1995), *Repertorio bibliográfico da Lingüística Galega desde os seus inicios ata 1994 inclusive,* Santiago de Compostela, Xunta de Galicia, Publicacións do Centro de Investigacións Lingüísticas e Literarias Ramón Piñeiro.

Gardner-Chloros P. (1995), « Code-switching in community, regional and national repertoires : the myth of the discreteness of linguistic systems », in L. Milroy & P. Muysken (éds.), *One speaker, two languages. Cross- disciplinary perspectives on code-switching,* Cambridge University Press, pp. 68-89.

Ghiglione R. et Matalon B. (1978), *Les enquêtes sociologiques. Théories et pratique,* Paris, Armand Colin.

Giacalone Ramat A. (1995), « Code-switching in the context of dialect/standard language relations », in L. Milroy et P. Muysken (éds.), *One speaker, two languages. Cross-disciplinary perspectives on code-switching,* Cambridge University Press, pp. 45-67.

Giordan H. (1992), « Droits des minorités, droits linguistiques, Droits de l'Homme », in H. Giordan (sous la direction de : *Les minorités en Europe. Droits linguistiques et Droits de l'Homme,* Paris, Éditions Kimé, pp. 9-39.

Grimshaw A.D. (1990), *Conflict talk. Sociolinguistics investigations of arguments in conversations,* Cambridge University Press.

Grosjean F. (1985), « The bilingual as a competent but specific speaker-hearer », in *Journal of Multilingual and Multicultural Development,* 6/6, pp. 467-477.

Gugenberger E. (1995), « Conflicto lingüístico : el caso de los quechuahablantes en el sur del Perú », in K. Zimmermann (éd.), *Lenguas* *en contacto en Hispanoamérica*, Madrid, Vervuert / Iberoamer ana, pp. 183-201.

Gumperz J.J. (1982), *Discourse strategies*, Cambridge University Press.

Hagège Cl. (1985), *L'homme de paroles. Contribution linguistique aux sciences humaines*, Paris, Fayard.

Harris M. (1994), *Antropología cultural*, Madrid, Alianza Editorial [édition originale de 1983].

Herrero Valeiro M.J. (1993 a), *Aproximação à analise do discurso sociolingüistico sobre o caso galego*, Memória de Licenciatura, Universidade da Coruña [inédit].

Herrero Valeiro M.J. (1993 b), « Guerre des graphies et conflit glottopolitique : lignes de discours dans la sociolinguistique galicienne », in X.P. Rodríguez-Yáñez (éd.), pp. 181-209.

Herrero Valeiro M.J. (1997), « A centralização do conceito 'diglossia' na intervenção discursiva sobre a língua na Galiza (apontamentos para uma sistematização) », in *Lynx* 10, Universitat de València.

Janicki K. (1993), « From small to large-scale language conflicts : A philosophical perspective », in E. H. Jahr (éd.), *Language Conflict and Language Planning*. Berlin & New York, Mouton de Gruyter, pp. 99-113.

Kerbrat-Orecchioni C. (1990), *Les interactions verbales*, Tome 1, Paris, Armand Colin.

Lindelfeld J. (1990), *Speech and Sociability at French Urban Marketplaces*, Amsterdam & Philadelphia, John Benjamins.

Monteagudo H. (1993), « Aspects of corpus planning in Galician », in X.P. Rodríguez-Yáñez (éd.), pp. 121-153.

Nelde P.H. (1993), « Contact or conflict ? Observations on the dynamics and vitality of European languages », in E. H. Jahr (éd.), *Language Conflict and Language Planning*, Berlin & New York, Mouton de Gruyter, pp. 165-177.

Nelde P.H. (1997), « Language Conflict », in F. Coulmas (éd.), *The Handbook of Sociolinguistics*, Oxford & Cambridge, Blackwell, pp. 285-300.

Ninyoles R.L. (1969), *Conflicte lingüístic lencià. Substituciò lingüística i ideologies diglòssiques*, València, L'hai [3è édition, 1989].

Nordin Ch. (1983), *Marchés, commerçants, clientèle. Le commerce non sédentaire de la région parisienne. Une notion à ne pas négliger*, Göteborg, CINOR.

Poche B. (1980), « L'évolution des marchés urbains en Savoie. Continuité ou rupture dans la relation ville-campagne ? », in *Études rurales*, 78-79-80, pp. 257-267.

Poche B. (1987), « La construction sociale de la langue », in G. Vermès et J. Boutet (sous la direction de), *France, pays multilingue, Tome 1 : Les langues en France, un enjeu historique et social*, Paris, L'Harmattan, pp. 79-105.

Pueyo M. (1991), *Llengües en contacte en la comunitat lingüística catalana*, Universitat de València, Servei de Publicacions.

Rodríguez Neira M.A. (1993), « Análisis de la situación sociolingüística del gallego desde el ámbito escolar », in X.P. Rodríguez-Yáñez (éd.), pp. 55-87.

Rodríguez-Yáñez X.P. éd. (1993 a), *Sociolinguistique galicienne* , in *Plurilinguismes*, 6, Paris, CERPL, Université René Descartes-Sorbonne.

Rodríguez-Yáñez X.P. (1993 b), « Quelques réflexions à propos de la sociolinguistique galicienne », in X.P. Rodríguez-Yáñez (éd.), pp. 225-258.

Rodríguez-Yáñez X.P. (1993 c), « Introduction », in X.P. Rodríguez-Yáñez (éd.), pp. i-xv.

Rodríguez-Yáñez X.P. (1995), *Estratexias de comunicación nas interaccións cliente-vendedor no mercado da cidade de Lugo : as alternancias de lingua galego / castelán e a negociación da escolla de lingua*, Thèse de 3ème cycle, présentée sous la direction de M. Fernández, Universidade da Coruña [inédite].

Romaine S. (1995), *Bilingualism*, Oxford & Cambridge, Blackwell [2è édition ; 1ère éd., 1989].

Romaine S. (1996), *El lenguaje en la sociedad. Una introducción a la sociolingüística*, Barcelona, Ariel, [1ère édition en anglais, 1994].

Ruiz Olabuénaga J.I. et MªA. Ispizua (1989), *La descodificación de la vida cotidiana. Métodos de investigación cualitativa*, Bilbao, Universidad de Deusto.

Schenkein J. (1978), « Identity Negotiations in Conversation », in J. Schenkein (éd.), *Studies in the Organization of Conversational Interaction*. New York, Academic Press, pp. 57-78.

Scollon R. et Scollon S.W. (1995), *Intercultural Communication*, Oxford & Cambridge, Blackwell.

Seminario de Sociolingüística (1993), « La Carte Sociolinguistique de la Galice », in X.P. Rodríguez-Yáñez (éd.), pp. 211-216.

Tubbs S.L. et Moss S. (1994), *Human communication*, New York, McGraw-Hill International Editions [7è édition].

Wardhaugh R. (1992), *Introducción á sociolingüística*, Universidade de Santiago de Compostela, Servicio de Publicacións [1ère édition en anglais, 1986].

Williamson R.C. et Williamson V.L. (1984), « Selected factors in Bilingualism : The Case of Galicia », in *Journal of Multilingual and Multicultural Development*, 5/5, pp. 401-413.

TABLE DES MATIERES

644584 - Mars 2016
Achevé d'imprimer par